U0647941

提高七种能力
解决实际问题

刘玉瑛　著

人民出版社

前　言

2020 年 10 月 10 日上午，中共中央党校（国家行政学院）秋季学期中青年干部培训班在中央党校开班。习近平总书记出席了开班式，并发表了重要讲话。他在讲话中要求干部特别是年轻干部要提高政治能力、调查研究能力、科学决策能力、改革攻坚能力、应急处突能力、群众工作能力、抓落实能力，勇于直面问题，想干事、能干事、干成事，不断解决问题、破解难题。他还强调指出，提高解决实际问题能力是应对当前复杂形势、完成艰巨任务的迫切需要，也是年轻干部成长的必然要求。

习近平总书记所提出的这"七种能力"要求，是干部特别是年轻干部做好新时期领导工作，解决工作中遇到的各种复杂实际问题的必备本领。为落实习近平总书记的重要讲话精神，帮助干部特别是年轻干部更好地把握"七种能力"的科学内涵要求及其提高路径，我编著了《提高七种能力　解决实际问题》一书。该书紧密结合习近平总书记重要讲话精神的要求，紧扣新时代的历史脉搏，对"七种能力"予以了全方位、通俗易懂的解读。

　　本书力求理论与实际紧密结合，用简洁的文字阐明道理，用具体生动鲜活的案例说明问题。本书内容丰富：有理论深入阐释，有延伸阅读强化，有提问引发思考。

　　我在撰写本书的过程中，曾参阅、引用了部分报纸杂志发表的资料来阐述、说明问题，这些资料大多在引用时已有注明，这里就不再一一列举，我在此向原作者致以诚挚的谢意！

刘玉瑛

2020 年 11 月 21 日

CONTENTS

目　录

第一章　提高政治能力，乱云飞渡仍从容 /1

一、把握正确的政治方向 /2

　　（一）坚持中国共产党的领导不动摇 /2

　　（二）坚持社会主义制度不动摇 /3

　　（三）坚持远大理想和共同理想不动摇 /4

二、增强政治敏锐性和政治鉴别力 /9

　　（一）高度重视理论学习 /9

　　（二）坚持践行马克思主义 /12

　　（三）用各种科学知识把自己更好武装起来 /14

1

三、严守党的政治纪律和政治规矩 /16

　　（一）坚决同党中央保持高度一致 /17

　　（二）维护党中央权威和集中统一领导 /20

　　（三）必须维护党的团结和统一 /21

**第二章　提高调查研究能力，在调查研究中
提高本领 /25**

一、调查研究是谋事之基、成事之道 /26

　　（一）理论联系实际的重要桥梁 /26

　　（二）了解社会情况的唯一办法 /28

　　（三）解决实际问题的核心手段 /29

二、有效调查研究的方式方法 /32

　　（一）用马克思主义的科学思想指导调查研究 /32

　　（二）紧贴党和国家的中心工作开展调查研究 /34

　　（三）实事求是的态度是搞好调查研究的保证 /36

三、牢记调查研究的五点要求 /41

　　（一）深入群众，深入基层 /42

　　（二）听实话、摸实情、办实事 /43

（三）细心听取各方面的意见 /44

（四）准确分析矛盾、发现问题 /45

（五）提出切实可行的解决问题的对策 /47

第三章　提高科学决策能力，善谋思路定良策 /52

一、培养战略眼光，看得远、想得深 /53

　　（一）培养大局意识，强化全局观念 /54

　　（二）培养前瞻思维，善于科学预测 /58

　　（三）培养远见卓识，不畏浮云遮望眼 /61

二、深入社会实际，克服"三个主义" /64

　　（一）深入社会实际，才能克服主观主义 /65

　　（二）深入社会实际，才能克服官僚主义 /67

　　（三）深入社会实际，才能克服教条主义 /69

三、掌握决策方法，善于正确决断 /72

　　（一）机会要抓住，决策要及时 /73

　　（二）抉择决策方案的关键条件 /77

　　（三）权衡利弊，避免决策陷阱 /79

第四章　提高改革攻坚能力，强化改革责任担当 /81

一、培养改革攻坚的政治勇气 /81

（一）培养浩然正气 /82

（二）培养奉献精神 /83

（三）培养革命气节 /85

二、坚持创新思维，跟着问题走、奔着问题去 /88

（一）创新才能顺应时代发展的大势 /88

（二）创新要有问题意识，基于问题导向 /90

（三）创新要摆脱"路径依赖" /91

三、尊重群众的首创精神 /94

（一）人民群众是创造世界历史的动力 /95

（二）把加强顶层设计和坚持问计于民统一起来 /96

（三）从生动鲜活的基层实践中汲取智慧 /100

第五章　提高应急处突能力，防范化解各种风险 /104

一、增强风险意识，打好主动仗 /105

（一）预防是处理急突危机的最好方法 /105

（二）善于用"显微镜"去"捕风捉影" /108

（三）保持清醒头脑，强化底线思维 /108

二、提高应急处突的见识和胆识 /111

（一）在提高应急处突的见识上下功夫 /111

（二）在提高应急处突的胆识上下力气 /115

（三）在掌握应急处突的方法上多着力 /116

三、应急处突中的危机决策 /119

（一）危机的主要特征与发展过程 /119

（二）急突事件中危机决策的过程 /121

（三）责任担当是应急处突决策的基础 /124

第六章 提高群众工作能力，成为群众的贴心人 /128

一、密切联系群众，成为群众的贴心人 /128

（一）坚持党的群众路线 /129

（二）把人民群众放在心中最高位置 /131

（三）为人民群众谋利益 /133

二、宣传教育群众，提高群众的思想觉悟 /136

（一）用马克思主义中国化理论成果武装群众 /136

（二）用革命精神教育群众 /139

（三）用社会主义核心价值观宣传群众 /141

（四）用优秀传统文化营养群众 /143

三、掌握群众工作方法，做好党的群众工作 /147

（一）抓两头带中间的方法 /148

（二）寓教于乐的方法 /149

（三）一般号召与个别指导相结合的方法 /150

第七章　提高抓落实能力，以上率下抓好落实 /156

一、抓落实是各级干部重要而基本的职责 /156

（一）抓落实是党的干部的基本职责 /157

（二）抓落实是讲政治的具体要求 /159

（三）抓落实是忠诚干净担当的重要体现 /162

二、坚持抓落实的正确方向 /166

（一）牢牢把握抓落实的根本 /166

（二）牢固树立正确的政绩观 /167

（三）培养锲而不舍的奋斗精神 /169

三、抓落实的有效路径与方法 /173

（一）培养一支高效落实的团队 /173

（二）建立建全抓落实的工作机制 /175

（三）抓落实的一种最佳方法 /179

|第一章|
提高政治能力，乱云飞渡仍从容

政治能力，从它的实践性上来说，就是把握方向、把握大势、把握全局的能力，就是保持政治定力、驾驭政治局面、防范政治风险的能力。习近平总书记强调指出，在干部特别是年轻干部干好工作所需的各种能力中，政治能力是第一位的。有了过硬的政治能力，才能做到自觉在思想上政治上行动上同党中央保持高度一致，在任何时候任何情况下都能"不畏浮云遮望眼"、"乱云飞渡仍从容"①。

习近平总书记的这段话深刻地说明了政治能力的作用及其要求。

---

① 《习近平在中央党校（国家行政学院）中青年干部培训班开班式上发表重要讲话》，新华网，2020 年 10 月 10 日。

一、把握正确的政治方向

"提高政治能力，首先要把握正确政治方向，坚持中国共产党领导和我国社会主义制度。在这个问题上，决不能有任何迷糊和动摇！"① 这是习近平总书记对党的干部特别是年轻干部如何提升政治能力提出的具体而明确的要求。

我党历史上，毛泽东同志亲手制定的有名的抗大教育方针，第一句话就是"坚定正确的政治方向"。他还要求，要有"富贵不能淫，贫贱不能移，威武不能屈"的骨气来坚持这个方向。

（一）坚持中国共产党的领导不动摇

中国共产党的领导是中国特色社会主义最本质的特征。

中国共产党是执政党，党的领导是做好党和国家各项工作的根本保证，是我国政治稳定、经济发展、文化繁荣、民族团结、社会稳定的根本点。早在20世纪80年代，邓小平同志就说过："共产党的领导，这个丢不得，一丢

---

① 《习近平在中央党校（国家行政学院）中青年干部培训班开班式上发表重要讲话》，新华网，2020 年 10 月 10 日。

就是动乱局面，或者是不稳定状态。一旦不稳定甚至动乱，什么建设也搞不成。"①

　　历史事实证明，只有中国共产党的领导，才有中国社会稳定的大好局面，才有国家的繁荣富强、人民的幸福安康，也才能实现中华民族的伟大复兴。

（二）坚持社会主义制度不动摇

　　"中国特色社会主义制度是当代中国发展进步的根本制度保障，是具有鲜明中国特色、明显制度优势、强大自我完善能力的先进制度。"② 这是习近平总书记在庆祝中国共产党成立 95 周年大会上的讲话中提出的著名论断。

　　"求木之长者，必固其根本；欲流之远者，必浚其泉源。"中国共产党为什么能领导全国各族人民创造了世所罕见的经济快速发展奇迹和社会长期稳定奇迹，从而使中华民族迎来了从站起来、富起来到强起来的伟大飞跃？一个根本的因素，就是我们坚持和发展了中国特色社会主义制度。

　　"十三五"时期的发展就是一个明证。2020 年 10 月

---

① 《邓小平文选》第 3 卷，人民出版社 1993 年版，第 252 页。
② 习近平：《在庆祝中国共产党成立 95 周年大会上的讲话》，新华网，2016 年 7 月 1 日。

29 日中国共产党第十九届中央委员会第五次全体会议通过的《中国共产党第十九届中央委员会第五次全体会议公报》披露，"十三五"时期，"经济实力、科技实力、综合国力跃上新的大台阶，经济运行总体平稳，经济结构持续优化，预计二〇二〇年国内生产总值突破一百万亿元；脱贫攻坚成果举世瞩目，五千五百七十五万农村贫困人口实现脱贫；粮食年产量连续五年稳定在一万三千亿斤以上；污染防治力度加大，生态环境明显改善；对外开放持续扩大，共建'一带一路'成果丰硕；人民生活水平显著提高，高等教育进入普及化阶段，城镇新增就业超过六千万人，建成世界上规模最大的社会保障体系，基本医疗保险覆盖超过十三亿人，基本养老保险覆盖近十亿人，新冠肺炎疫情防控取得重大战略成果；文化事业和文化产业繁荣发展；国防和军队建设水平大幅提升，军队组织形态实现重大变革；国家安全全面加强，社会保持和谐稳定。"

这彰显了中国共产党领导和我国社会主义制度的优势，为我们坚持党的领导、坚定制度自信提供了充分的依据。

（三）坚持远大理想和共同理想不动摇

共产主义远大理想和中国特色社会主义共同理想，是

中国共产党人的精神支柱和政治灵魂，也是保证党的团结
和集中统一的重要思想基础。

《中国共产党章程》明确规定："党的最高理想和最终
目标是实现共产主义。""中国共产党人追求的共产主义最
高理想，只有在社会主义社会充分发展和高度发达的基础
上才能实现。"

这就阐明了共产主义远大理想和中国特色社会主义共
同理想的关系。

"对马克思主义、共产主义的信仰，对社会主义的信
念，是共产党人精神上的'钙'。没有理想信念，理想信
念不坚定，精神上就会得'软骨病'，就会在风雨面前东
摇西摆。"①

习近平总书记的这段话生动而形象地说明了理想信念
的重要作用。

历史事实证明，一个理想信念坚定的党员、干部，是
在任何时候、任何情况下都能挺直脊梁的，哪怕是在敌
人的酷刑、屠杀面前。革命烈士夏明翰就是其中的一位。
面对敌人的屠刀，夏明翰写下了一首光耀千古的就义诗：
"砍头不要紧，只要主义真。杀了夏明翰，还有后来人。"

---

① 习近平：《在纪念陈云同志诞辰 110 周年座谈会上的讲话》，《人民日
报》2015 年 6 月 13 日。

张闻天同志在《论青年的修养》一文中说过这样一段话，共产主义理想"需要几十年以至上百年的奋斗与工作。不但这样，在奋斗与工作的过程中还必然要碰到无数的困难与波折，有时甚至看来似乎是不能克服以至绝望的困难。所以不论在任何困难之下，坚持自己的理想，坚持为自己理想的实现而奋斗，是绝对必要的。没有这种坚持性，任何的理想也都不能实现"。

张闻天同志的这段话告诉我们，要想到达理想的彼岸，必须进行坚持不懈的努力，矢志不渝地为之奋斗。在奋斗中，理想也不会是一帆风顺就能实现的。有风雨，有雷霆，有艰难险阻，甚至还要付出生命的代价。

然而，党员干部能在艰难险阻中、付出生命代价中坚持理想信仰不变，是最难能可贵的，是最可歌可泣的。李大钊就是这种最可歌可泣的人。

面对敌人的绞刑架，李大钊高昂着革命的头颅，大义凛然地发表了最后一次演说："不能因为你们今天绞死了我，就绞死了伟大的共产主义！我们已经培养了很多同志，如同红花的种子，撒遍各地！我们深信，共产主义在世界、在中国，必然要得到光荣的胜利。"

在敌人的绞刑架面前，李大钊同志毫不畏惧，这种坚定性就源于他的共产主义理想信念。

　　而理想信念动摇或丧失的人，则必然走向犯罪的道路或不归路。综观那些落马的官员，莫不如此。

　　安徽省原副省长周春雨，落马后在忏悔录中说："我之所以走到今天，根子上就是理想信念出了问题，没有把握好为什么要当官，当官要干什么等基本问题。"①

　　浙江省金融控股有限责任公司原党委书记、董事长钱巨炎落马后所写的忏悔录中，也有这样一段话："我的理想信念已经有所松动了，认为共产主义理想只是一种抽象的遥不可及的概念而已，只是写在纸上挂在墙上，是很难落地的……"②

　　查阅近年来一些落马官员的忏悔录，不难发现，其违纪违法的方式手段虽然因人而异，但"理想信念动摇、丧失"是他们堕落轨迹的共同起点。

　　这并非是他们在忏悔录中的套话，而是缺"钙"的必然结果。美国黑人领袖马丁·路德·金曾经说过这样一句话："这个世界上，没有人能使你倒下，如果你的信念还

---

① 王卓：《丢掉初心他们走上不归路——透视忏悔录中落马官员的堕落轨迹》，《中国纪检监察报》2019 年 6 月 20 日。

② 王卓：《丢掉初心他们走上不归路——透视忏悔录中落马官员的堕落轨迹》，《中国纪检监察报》2019 年 6 月 20 日。

站立着的话。"

2015 年 10 月中共中央印发、自 2016 年 1 月 1 日起实施的《中国共产党廉洁自律准则》要求："中国共产党全体党员和各级党员领导干部必须坚定共产主义理想和中国特色社会主义信念。"

一个具有坚定理想信念的党员、干部是不会倒下的，即使牺牲生命也在所不惜。农民运动的大王彭湃就是其中的一位。

▌ 延伸阅读

中国共产党是中国特色社会主义事业的领导核心，处在总揽全局、协调各方的地位。党政军民学，东西南北中，党是领导一切的，是最高的政治领导力量。我国社会主义政治制度优越性的一个突出特点是党总揽全局、协调各方的领导核心作用，形象地说是"众星捧月"，这个"月"就是中国共产党。在国家治理体系的大棋局中，党中央是坐镇中军帐的"帅"，车马炮各展其长，一盘棋大局分明。要把坚持党的领导贯彻和体现到改革发展稳定、内政外交国防、治党治国治军各个领域各个方面，确保党始终总揽全局、协调各方。

——习近平：《论坚持党对一切工作的领导》，
中央文献出版社 2019 年版。

二、增强政治敏锐性和政治鉴别力

提高政治能力还必须"要不断提高政治敏锐性和政治鉴别力，观察分析形势首先要把握政治因素，特别是要能够透过现象看本质，做到眼睛亮、见事早、行动快"。"政治上的坚定源于理论上的清醒。要自觉加强理论学习，掌握马克思主义立场、观点、方法，用各种科学知识把自己更好武装起来，增强政治敏锐性和政治鉴别力。"①

习近平总书记的这两段话为干部特别是年轻干部增强政治敏锐性和政治鉴别力指明了正确的路径。

（一）高度重视理论学习

高度重视理论学习，是中国共产党的光荣传统和政治

---

① 《习近平在中央党校（国家行政学院）中青年干部培训班开班式上发表重要讲话》，新华网，2020 年 10 月 10 日。

优势。中国共产党自诞生之日起，就针对当时一些党的干部理论素质不高的问题，高度重视理论学习，注重用马克思主义来武装党的干部的头脑。

1929 年 11 月，古田会议前夕，中共中央"九月来信"送达闽赣苏区，毛泽东同志写了回信，在信的最后，毛泽东指出："惟党员理论常识太低，须赶急进行教育"，并希望中央给红四军提供一些理论书籍。

1939 年 7 月，刘少奇同志在《论共产党员的修养》的演讲中强调："我们共产党员，不但要在革命的实践中改造自己，锻炼自己的无产阶级思想意识，而且要在学习马克思列宁主义理论的过程中改造自己，锻炼自己的无产阶级思想意识。"①

2013 年 8 月，习近平总书记在全国宣传思想工作会议上的讲话中强调，领导干部特别是高级干部要把系统掌握马克思主义基本理论作为看家本领，老老实实、原原本本学习马克思列宁主义、毛泽东思想特别是邓小平理论、"三个代表"重要思想、科学发展观。……新干部、年轻干部尤其要抓好理论学习，通过坚持不懈学习，学会运用马克思主义立场、观点、方法观察和解决问题，坚定理想

---

① 《刘少奇选集》上卷，人民出版社 1981 年版，第 112 页。

信念。

干部特别是年轻干部增强政治敏锐性和政治鉴别力，必须高度重视理论学习。马克思主义理论可以指导我们正确认识和解决社会活动中出现的各种复杂的情况和问题，有了这一科学理论的指导，即使是形势复杂多变、环境错综复杂，也不会迷失方向。

高度重视理论学习，要培养理论学习的兴趣和热情。理论学习的兴趣和热情，不是与生俱来的，而是可以通过后天的学习、工作实践不断培养而形成。毛泽东同志就非常重视理论兴趣和热情的培养，他在给秘书林克的信中，多次谈到这一问题。

1957年8月4日，毛泽东同志致信林克："你可看点理论书。你需要学理论。兴趣有，似不甚浓厚，应当培养。慢慢读一点，引起兴趣，如倒啖蔗，渐入佳境，就好了。"[1]毛泽东在信中把读理论书比作倒吃甘蔗，越吃越甜。

1957年10月2日，毛泽东同志又致信林克，再次谈到学理论、培养兴趣的问题："钻到看书看报看刊物中去，广收博览，于你我都有益。略为偏重一点理论文章，逐步

---

[1]　《毛泽东书信选集》，人民出版社1983年版，第530页。

培养这一方面的兴趣，是我的希望。"①

　　毛泽东同志的话不仅仅是对林克所言，也是对所有党的干部的要求。干部特别是年轻干部应该按照毛泽东同志的要求去做，通过学习、工作实践，逐步培养理论学习的兴趣和热情。

　　"兴趣是激励学习的最好老师。'知之者不如好之者，好之者不如乐之者。'讲的就是这个道理。领导干部应该把学习作为一种追求、一种爱好、一种健康的生活方式，做到好学乐学。有了学习的浓厚兴趣，就可以变'要我学'为'我要学'，变'学一阵'为'学一生'。②这是习近平总书记对干部特别是年轻干部提出的要求，大家应该牢记之、践行之。

（二）坚持践行马克思主义

　　马克思主义是共产党人的坚定信仰。习近平总书记指出："无论是处于顺境还是逆境，我们党从未动摇对马克思主义的信仰"，"背离或放弃马克思主义，我们党就会失去灵魂、迷失方向。在坚持马克思主义指导地位这一根本

---

① 《毛泽东书信选集》，人民出版社1983年版，第531页。
② 习近平：《在中央党校建校80周年庆祝大会暨2013年春季学期开学典礼上的讲话》，《人民日报》2013年3月3日。

问题上，我们必须坚定不移，任何时候任何情况下都不能
有丝毫动摇"。①

　　干部特别是年轻干部增强政治敏锐性和政治鉴别力，
必须坚定马克思主义的信仰。坚定马克思主义信仰，就要
掌握和坚持马克思主义的立场、观点和方法。

　　坚持马克思主义的立场，就是坚持无产阶级和广大人
民群众的立场。马克思主义认为，无产阶级政党的一切理
论和奋斗都致力于实现以劳动人民为主体的最广大人民的
根本利益，把全人类解放和人的全面发展作为最高的价值
追求。

　　坚持马克思主义的观点，就是坚持实践的观点、辩证
的观点、矛盾的观点、历史的观点、发展的观点、阶级的
观点、群众的观点，等等，用马克思主义的观点来认识问
题、分析问题和解决问题。

　　坚持马克思主义方法，就是一切从实际出发、理论联
系实际、实事求是、具体问题具体分析、在实践中检验真
理和发展真理。

　　这"三个坚持"是干部特别是年轻干部做好各项工作、
应对复杂局面、解决实际问题的看家本领。干部特别是年

① 习近平：《在庆祝中国共产党成立95周年大会上的讲话》，人民出版
社2016年版，第8、9页。

轻干部掌握并坚持了马克思主义的立场、观点和方法，就能"不畏浮云遮望眼""乱云飞渡仍从容"。

正因为如此，习近平总书记要求干部特别是年轻干部，"要注重提高马克思主义理论水平，学深悟透，融会贯通，掌握辩证唯物主义和历史唯物主义，掌握贯穿其中的马克思主义立场观点方法，掌握中国化的马克思主义，做马克思主义的坚定信仰者、忠实实践者。"①

（三）用各种科学知识把自己更好武装起来

习近平总书记指出："好学才能上进。中国共产党人依靠学习走到今天，也必然要依靠学习走向未来。我们的干部要上进，我们的党要上进，我们的国家要上进，我们的民族要上进，就必须大兴学习之风，坚持学习、学习、再学习，坚持实践、实践、再实践。"②

干部特别是年轻干部要增强政治敏锐性和政治鉴别力必须好学，不仅要学习马克思主义理论，还要学习各种科学文化知识。

① 《习近平在中央党校（国家行政学院）中青年干部培训班开班式上发表重要讲话》，新华网，2020 年 10 月 10 日。
② 习近平：《在中央党校建校 80 周年庆祝大会暨 2013 年春季学期开学典礼上的讲话》，人民出版社 2013 年版，第 12 页。

培根在《论人生》中说："读书足以怡情，足以长才，读史使人明智，读诗使人聪慧，演算使人精密，哲理使人深刻，道德使人高尚，逻辑使人善辩。"

习近平总书记指出："学史可以看成败、鉴得失、知兴替；学诗可以情飞扬、志高昂、人灵秀；学伦理可以知廉耻、懂荣辱、辨是非。我们不仅要了解中国的历史文化，还要睁眼看世界，了解世界上不同民族的历史文化，去其糟粕，取其精华，从中获得启发，为我所用。"①

各种科学文化知识能为干部特别是年轻干部增强政治敏锐性和政治鉴别力提供有力的支持。

▌ 延伸阅读

著名学者王国维论述治学有三种境界：一是"昨夜西风凋碧树，独上高楼，望尽天涯路"；二是"衣带渐宽终不悔，为伊消得人憔悴"；三是"众里寻他千百度，蓦然回首，那人却在灯火阑珊处"。

领导干部学习理论也要有这三种境界。理论

---

① 习近平：《在中央党校建校 80 周年庆祝大会暨 2013 年春季学期开学典礼上的讲话》，人民出版社 2013 年版，第9—10页。

学习上要有"望尽天涯路"那样志存高远的追求，耐得住"昨夜西风凋碧树"的清冷和"独上高楼"的寂寞，静下心来通读苦读；其次，理论学习上要勤奋努力，刻苦钻研，舍得付出，百折不挠，下真功夫、苦功夫、细功夫，即使是"衣带渐宽"也"终不悔"，"人憔悴"也心甘情愿；再次，理论学习贵在独立思考，学用结合，学有所悟，用有所得，要在学习和实践中"众里寻他千百度"，最终"蓦然回首"，在"灯火阑珊处"领悟真谛。只有这样，各级领导干部才能做到带头学、深入学、持久学，成为勤奋学习、善于思考的模范，解放思想、与时俱进的模范，学以致用、用有所成的模范。

——习近平：《理论学习要有三种境界》，《浙江日报》"之江新语"专栏，2003 年 7 月 3 日。

三、严守党的政治纪律和政治规矩

"全党要坚定执行党的政治路线，严格遵守政治纪律和政治规矩，在政治立场、政治方向、政治原则、政治道路上同党中央保持高度一致。"① 这是习近平总书记在党的十九大报告中对全党提出的要求。

干部特别是年轻干部要提高政治能力，必须严格遵守党的政治纪律和政治规矩，只有这样，才能在政治立场、政治方向、政治原则、政治道路上同党中央保持高度一致。

（一）坚决同党中央保持高度一致

习近平总书记强调指出："同党中央保持一致不是一个空洞口号，而是一个重大政治原则。"② 在这个重大原则问题上，党的干部绝对不能含糊。

首先，在指导思想上同党中央保持高度一致。《中国共产党章程》明确规定："中国共产党以马克思列宁主义、毛泽东思想、邓小平理论、'三个代表'重要思想、科学发展观、习近平新时代中国特色社会主义思想作为自己的行动指南。"这就是中国共产党的指导思想。

干部特别是年轻干部要在指导思想上同党中央保持高

---

① 习近平：《决胜全面建成小康社会　夺取新时代中国特色社会主义伟大胜利——在中国共产党第十九次全国代表大会上的报告》，人民出版社 2017 年版，第 62 页。

② 《十八大以来重要文献选编》（上），中央文献出版社 2014 年版，第 132 页。

度一致，必须认真学习马克思主义理论，始终把马克思主义这一科学理论作为自己的行动指南。在新时代尤其要认真学习并践行习近平新时代中国特色社会主义思想。"习近平新时代中国特色社会主义思想是当代中国马克思主义、21世纪马克思主义，是全党全国人民为实现中华民族伟大复兴而奋斗的行动指南，是经过实践检验、富有实践伟力的强大思想武器，必须长期坚持并不断发展。"①

其次，在路线方针政策上同党中央保持高度一致。党的路线方针政策是党的宗旨的具体化。党的宗旨是全心全意为人民服务，党的路线、方针、政策体现的就是党的这种宗旨思想。作为干部特别是年轻干部必须坚持党的宗旨，坚持党的宗旨就必须在党的路线方针政策上同党中央保持高度一致。

第三，在重大原则问题上同党中央保持高度一致。《中国共产党纪律处分条例》第四十四条规定："在重大原则问题上不同党中央保持一致且有实际言论、行为或者造成不良后果的，给予警告或者严重警告处分；情节较重的，给予撤销党内职务或者留党察看处分；情节严重的，给予开除党籍处分。"

---

① 《中共中央关于加强党的政治建设的意见》（2019年1月31日），新华社，2019年2月27日。

"规定本条的目的是通过设定严格的处分规定，促进和保障各级党组织和全体党员牢固树立'四个意识'，坚决维护习近平总书记党中央的核心、全党的核心地位，坚决维护党中央权威和集中统一领导，在思想上政治上行动上同党中央保持高度一致。"①

从《中国共产党纪律处分条例》第四十四条的规定之目的，干部特别是年轻干部不难看出什么是重大原则问题。干部特别是年轻干部在重大原则问题上同党中央保持高度一致，就是要树立"四个意识"，坚决做到"两个维护"，在思想上政治上行动上同党中央保持高度一致，就是要正确处理保证中央政令畅通和立足实际创造性开展工作的关系，任何具有地方特点的工作部署都必须以贯彻中央精神为前提，决不搞"上有政策、下有对策"那一套，决不能有令不行、有禁不止，决不在贯彻执行中央决策部署上打折扣、做选择、搞变通。对大是大非问题要有坚定立场，对背离党性的言行要有鲜明态度，不能听之任之、置身事外。

---

① 杜冬冬：《如何理解关于在重大原则问题上不同党中央保持一致行为及其适用的处分种类和幅度的规定》，《中国纪检监察》2018年第17期。

（二）维护党中央权威和集中统一领导

维护权威始终是马克思主义政党建设的一项重大课题，恩格斯明确地指出："没有权威，就不可能有任何的一致行动。"他还说："能最清楚地说明需要权威，而且是需要专断的权威的，要算是在汪洋大海上航行的船了。那里，在危急关头，大家的生命能否得救，就要看所有的人能否立即绝对服从一个人的意志。"

1989 年 9 月 4 日，邓小平同志在同中央负责同志谈话时也说："党中央的权威必须加强，……特别是有困难的时候，没有中央、国务院这个权威，不可能解决问题。有了这个权威，困难时也能做大事。不能否定权威，该集中的要集中，否则至少要耽误时间。对于不听中央、国务院的话的，处理要坚决，可以先打招呼，不行就调人换头头。"①

作为一个有着 9191.4 万名党员、468.1 万个基层党组织的大党，领导着一个拥有 56 个民族、14 亿人口的大国的中国特色社会主义的领导核心，必须要有权威，才能形成统一的意志和统一的行动。否则，既办不成大事，社会也无法稳定。正如《关于新形势下党内政治生活的若干准则》所指出的："坚决维护党中央权威、保证全党令行禁

① 《邓小平文选》第 3 卷，人民出版社 1993 年版，第 319 页。

止，是党和国家前途命运所系，是全国各族人民根本利益所在，也是加强和规范党内政治生活的重要目的。"

（三）必须维护党的团结和统一

维护党的团结和统一是党在长期革命斗争和社会主义建设实践中形成的优良传统，也是战胜敌人取得胜利、克服困难战胜挫折的重要保障，是党的力量所在。

党的十八大以来，习近平总书记多次强调维护党的团结统一的极端重要性，并提出了明确要求。

2016年12月，他在主持召开中央政治局民主生活会的讲话中强调："党的历史、新中国发展的历史都告诉我们：要治理好我们这个大党、治理好我们这个大国，保证党的团结和集中统一至关重要，维护党中央权威至关重要。"①

维护党的团结统一，才能确保党在世界形势深刻变化的历史进程中始终走在时代前列，在应对国内外各种风险和考验的历史进程中始终成为全国人民的主心骨，在坚持和发展中国特色社会主义的历史进程中始终成为坚强的领导核心。

维护党的团结统一，用毛泽东同志的一句名言来说就

---

① 《习近平谈治国理政》第2卷，外文出版社2017年版，第188页。

是："我们要向中央基准看齐"。

用习近平总书记2017年2月13日在中共中央党校省部级主要领导干部专题研讨班开班式上讲话中的话讲：全党必须牢固树立政治意识、大局意识、核心意识、看齐意识，自觉在思想上政治上行动上同党中央保持高度一致。每一个党的组织、每一名党员干部，无论处在哪个领域、哪个层级、哪个部门和单位，都要服从党中央集中统一领导，确保党中央令行禁止。

▌ 延伸阅读

我们党是靠革命理想和铁的纪律组织起来的马克思主义政党，纪律严明是党的光荣传统和独特优势。党面临的形势越复杂、肩负的任务越艰巨，就越要加强纪律建设，越要维护党的团结统一，确保全党统一意志、统一行动、步调一致前进。严明党的纪律，首要的就是严明政治纪律。严明政治纪律就要从遵守和维护党章入手。遵守党的政治纪律，最核心的，就是坚持党的领导，坚持党的基本理论、基本路线、基本纲领、基本经验、基本要求，同党中央保持高度一致，自觉维护中央权威。在指导思想和路线方针政策以及关系全局的重大原则问题上，全党必须在思想上政治上行动上同党中央保持高度一致。各级党组织和领导干部要牢固树立大局观念和全局意识，正确处理保证中央政令畅通和立足实际创造性开展工作的关系，任何具有地方特点的工作部署都必须以贯彻中央精神为前提。要防止和克服地方和部门保护主义、本位主义，决不允许"上有政策、下有对策"，决不允许有令不行、有禁不止，决不允许在贯彻执行中央决策部署上打折扣、做选择、搞变通。每一个共产党员特别是领导干部都要牢固树立党章意识，自觉用党章规范自己的一言一行，在任何情况下都要做到政治信仰不变、政治立场不移、政治方向不偏。党的各级组织要自觉担负起执行和维护政治纪律的责任，加强对党员遵守政治纪律的教育。党的各级纪律检查机关要把维护党的政治纪律放在首位，加强对政治纪律执行情况的监督检查。

——《习近平谈治国理政》，外文出版社 2014 年版，第 386—387 页。

思 考 题

1. 为什么要坚持中国共产党领导和社会主义制度不动摇?

2. 为什么说政治上的坚定源于理论上的清醒?

3. 党的干部应该怎样践行马克思主义?

4. 党的干部怎样才能同党中央保持高度一致?

5. 怎样正确处理保证中央政令畅通和立足实际创造性开展工作的关系？

6. 为什么要维护党的团结和统一?

|第二章|
提高调查研究能力，在调查研究中提高本领

"年轻干部要提高调查研究能力。调查研究是做好工作的基本功。一定要学会调查研究，在调查研究中提高工作本领。"①

这是习近平总书记 2020 年 10 月 10 日在中央党校 (国家行政学院) 中青年干部培训班开班式上对干部特别是年轻干部提出的能力要求。这段话言简意赅地说明了调查研究的重要性和必要性。

---

① 《习近平在中央党校（国家行政学院）中青年干部培训班开班式上发表重要讲话》，新华网，2020 年 10 月 10 日。

一、调查研究是谋事之基、成事之道

重视调查研究是党的优良传统和工作作风，也是党解决实际问题的一条重要经验。

1930 年 5 月，毛泽东同志为反对当时中国工农红军中存在的教条主义思想，撰写了《反对本本主义》一文，这是关于调查研究问题的重要文献。《反对本本主义》原名为《调查工作》。在这篇重要文献中，毛泽东同志鲜明地提出："没有调查，没有发言权。""你对于某个问题没有调查，就停止你对于某个问题的发言权。"①

习近平总书记更是深化了党的调查研究思想，他强调指出："调查研究是谋事之基、成事之道。没有调查，就没有发言权，更没有决策权。"他还多次要求，要在全党大兴调查研究之风。

（一）理论联系实际的重要桥梁

理论联系实际是中国共产党的三大作风之一，也是党的一贯思想原则。理论只有联系实际，才能从客观实际情况出发，指导中国革命、建设的具体实践。

---

① 《毛泽东选集》第 1 卷，人民出版社 1991 年版，第 109 页。

　　理论如何联系实际？调查研究是理论联系实际不可或缺的桥梁和纽带。毛泽东同志曾经强调指出："一切实际工作者必须向下作调查。对于只懂得理论不懂得实际情况的人，这种调查工作尤有必要，否则他们就不能将理论和实际相联系。"①

　　毛泽东同志就是通过调查研究这一桥梁把马克思主义理论同中国革命具体实践相结合的。

　　为了答复当时党内党外对于农民革命斗争的责难，毛泽东同志 1927 年 1 月 4 日至 2 月 5 日对湖南湘潭、湘乡、衡山、醴陵、长沙等五个县的农民运动进行了 32 天的考察，最终写出了《湖南农民运动考察报告》这篇指导无产阶级及其政党领导农民革命斗争的纲领性文献。

　　在《湖南农民运动考察报告》中，毛泽东同志依据自己的考察，对农民运动的革命性、正义性进行了总体的肯定。他说："农民成就了多年未曾成就的革命事业，农民做了国民革命的重要工作。"但他同时也指出："这种革命大业，革命重要工作，是不是农民全体做的呢？不是的。农民中有富农、中农、贫农三种。三种状况不同，对于革命的观感也各别。"②

---

① 《毛泽东选集》第 3 卷，人民出版社 1991 年版，第 791 页。

② 《毛泽东选集》第 1 卷，人民出版社 1991 年版，第 18—19 页。

调查研究是马克思主义普遍真理与中国革命、建设具体实践相结合的中心环节。

（二）了解社会情况的唯一办法

干部特别是年轻干部要做好领导工作，必须了解社会，认识社会，而了解认识社会的唯一办法，就是向社会作调查，没有他途。

1941 年 3 月 17 日，毛泽东同志在给《农村调查》写的序言中指出："要了解情况，唯一的方法是向社会作调查，调查社会各阶级的生动情况。对于担负指导工作的人来说，有计划地抓住几个城市、几个乡村，用马克思主义的基本观点，即阶级分析的方法，作几次周密的调查，乃是了解情况的最基本的方法。只有这样，才能使我们具有对中国社会问题的最基础的知识。"①

1941 年 9 月 13 日，毛泽东同志在延安对中央妇委和中共中央西北局联合组成的妇女生活调查团的讲话中，还谈了他通过调查研究了解农村社会情况的体会。

他说："我做了四个月的农民运动，得知了各阶级的一些情况，可是这种了解是异常肤浅的，一点不深刻。后

---

① 《毛泽东选集》第 3 卷，人民出版社 1991 年版，第 789 页。

来，中央要我管理农民运动。我下了一个决心，走了一个月零两天，调查了长沙、湘潭、湘乡、衡山、醴陵五县。这五县正是当时农民运动很高涨的地方，许多农民都加入了农民协会。国民党骂我们'过火'，骂我们是'游民行动'，骂农民把大地主小姐的床滚脏了是'过火'。其实，以我调查后看来，也并不都是像他们所说的'过火'，而是必然的，必需的。因为农民太痛苦了。我看受几千年压迫的农民，翻过身来，有点'过火'是不可免的，在小姐的床上多滚几下子也不妨哩!"①

　　毛泽东同志还说，他通过寻乌调查，弄清了富农和地主的问题，提出了解决富农问题的方法；他通过兴国调查，弄清了贫农与雇农的问题，并对贫农团在分配土地过程中的重要性有了认识。

（三）解决实际问题的核心手段

　　"调查就像'十月怀胎'，解决问题就像'一朝分娩'。调查就是解决问题。"② 这是毛泽东同志的名言，也是他的经验总结。毛泽东同志还强调指出："你对于那个问题不能解决吗？那末，你就去调查那个问题的现状和它的历史

----

① 《毛泽东文集》第 2 卷，人民出版社 1993 年版，第 379 页。
② 《毛泽东选集》第 1 卷，人民出版社 1991 年版，第 110—111 页。

吧！你完完全全调查明白了，你对那个问题就有解决的办法了。一切结论产生于调查情况的末尾，而不是在它的先头。只有蠢人，才是他一个人，或者邀集一堆人，不作调查，而只是冥思苦索地'想办法'，'打主意'。须知这是一定不能想出什么好办法，打出什么好主意的。换一句话说，他一定要产生错办法和错主意。"①

毛泽东同志的这段话通俗易懂地说明了调查研究在解决实际问题中的重要作用。

客观世界是复杂的，认识复杂的客观世界不是一件很容易的事情，而解决复杂的客观世界存在的问题更是难上加难。而要化解这一系列的难题，一个重要的手段就是调查研究。

干部特别是年轻干部要了解社会问题，了解情况，要解决实际问题，不能坐在办公室里喝茶、饮咖啡想办法；不能躺在床上、安乐椅上冥思苦想找主意，而是要走到田间地头，奔向工厂车间，到基层群众中间去。

干部特别是年轻干部应该迈开两脚，到自己工作范围内的各部分各地方去走走，也可以召集那些明了情况的人来开个调查会，通过调查研究，没有解决不了的问题。

---

① 《毛泽东选集》第 1 卷，人民出版社 1991 年版，第 110 页。

"耳闻之不如目见之，目见之不如足践之。"各种问题的解决都取决于正确的决策，而正确的决策来源于对客观实际情况的调查研究。

▌延伸阅读

　　许多做领导工作的人，遇到困难问题，只是叹气，不能解决。他恼火，请求调动工作，理由是"才力小，干不下"。这是懦夫讲的话。迈开你的两脚，到你的工作范围的各部分各地方去走走，学个孔夫子的"每事问"，任凭什么才力小也能解决问题，因为你未出门时脑子是空的，归来时脑子已经不是空的了，已经载来了解决问题的各种必要材料，问题就是这样子解决了。一定要出门吗？也不一定，可以召集那些明了情况的人来开个调查会，把你所谓困难问题的"来源"找到手，"现状"弄明白，你的这个困难问题也就容易解决了。

　　　　——《毛泽东选集》第1卷，人民出版社1991年版，
　　　　第110页。

二、有效调查研究的方式方法

有效的调查研究是需要正确的方式方法的，否则，也是盲人骑瞎马。空跑了路，浪费了人力物力，最后却收效甚微，甚至没有收效，更可怕的是，还可能因为调查得不认真、研究得不深入，偏听偏信，以偏概全，得出错误的结论，给出错误的对策。果如此，则是要祸国殃民的。所以干部特别是年轻干部提高调查研究能力，必须掌握有效的调查研究方式方法。

（一）用马克思主义的科学思想指导调查研究

有效调查研究的前提，是必须有科学的指导思想，这种科学的指导思想就是马克思主义。干部特别是年轻干部调查研究，一定要站在马克思主义的立场上，即无产阶级和广大人民群众的立场上，坚持用马克思主义的观点来认识问题、分析问题和解决问题，并坚持一切从实际出发，具体问题具体分析，实事求是。1941 年 3 月，毛泽东同志就提出，用"马克思主义的基本观点，即阶级分析的方法，作几次周密的调查，乃是了解情况的最基本的方法"[①]。

---

① 《毛泽东选集》第 3 卷，人民出版社 1991 年版，第 789 页。

只有把思想方法搞对头，才能有效地指导调查研究。

老一辈无产阶级革命家董必武同志，就是坚持实事求是调查研究的典范。

1955 年金秋时节，最高人民法院院长董必武下乡视察路过兰州，在听取政法部门汇报中得知了一个案件：这年 6 月，宕昌县连降大雹雨，农作物受灾，群众自发在庙宇前鸣锣聚众，求神止雹，并搭戏台唱戏还愿。乡政府知道后，便派干部赶来强行停演，并与群众发生了争执。结果，造成戏台倒塌压伤群众的事故。一些群众一气之下殴打和捆绑了乡干部。为此，县人民法院以"利用迷信煽动群众篡夺政权的现行反革命罪"，判处四人死刑，一人无期徒刑和二人有期徒刑。董必武听完汇报后，建议重新调查，并当场挥笔写下了下面这副对联：

提高警惕，肃清一切特务分子；

防止偏差，不要冤枉一个好人。

甘肃省政法部门根据董必武同志的指示，立即组织三级工作组深入实地调查，实事求是地作出结论：原判七人均教育释放。避免了一起大错案。

（二）紧贴党和国家的中心工作开展调查研究

干部特别是年轻干部开展调查研究，必须紧贴党和国家的中心工作来开展。紧贴党和国家的中心工作，就是紧贴现实，就是紧贴人民群众关切的问题，就是紧贴社会经济发展的核心问题。

贴近党和国家的中心工作来开展调查研究，才能为推进党和人民各项事业的发展建真言，献良策。

党的十九届五中全会开启了全面建设社会主义现代化国家的新征程。十九届五中全会提出了"十四五"时期经济社会发展的六大主要新目标，即经济发展取得新成效、改革开放迈出新步伐、社会文明程度得到新提高、生态文明建设实现新进步、民生福祉达到新水平、国家治理效能得到新提升；提出了到 2035 年基本实现社会主义现代化的远景目标，这就是：

"我国经济实力、科技实力、综合国力将大幅跃升，经济总量和城乡居民人均收入将再迈上新的大台阶，关键核心技术实现重大突破，进入创新型国家前列；

"基本实现新型工业化、信息化、城镇化、农业现代化，建成现代化经济体系；

"基本实现国家治理体系和治理能力现代化，人民平等参与、平等发展权利得到充分保障，基本建成法治国家、法治政府、法治社会；

"建成文化强国、教育强国、人才强国、体育强国、健康中国，国民素质和社会文明程度达到新高度，国家文化软实力显著增强；

"广泛形成绿色生产生活方式，碳排放达峰后稳中有降，生态环境根本好转，美丽中国建设目标基本实现；

"形成对外开放新格局，参与国际经济合作和竞争新优势明显增强；

"人均国内生产总值达到中等发达国家水平，中等收入群体显著扩大，基本公共服务实现均等化，城乡区域发展差距和居民生活水平差距显著缩小；

"平安中国建设达到更高水平，基本实现国防和军队现代化；人民生活更加美好，人的全面发展、全体人民共同富裕取得更为明显的实质性进展。"

这就是党和国家当前乃至未来的中心工作。干部特别是年轻干部开展调查研究应该紧紧围绕这些方面来深入开展，求得难点问题的突破，求得党和国家中心工作任务的早日完成。

陈云是全党公认的调查研究的典范人物。对调查研究，他曾经提出了著名的"不唯上、不唯书、只唯实，交换、比较、反复"15字诀，他认为："领导机关制定政策，要用百分之九十以上的时间作调查研究工作，最后讨论作决定用不到百分之十的时间就够了。"①

（三）实事求是的态度是搞好调查研究的保证

调查研究需要有实事求是的态度。只有实事求是，才能"不唯上，不唯书，只唯实"。这就要求干部特别是年轻干部在调查研究工作中，要以客观事实为依据，并大量地占有材料，认真地核实材料，要找出事物的内部联系和外部联系，全面地、本质地看问题。否则，虽然调查了，但由于调查得不深入、不细致，依然会得出与实际情况不相符合的调研结果。

1984 年 4 月 8 日，某媒体播发了一条《长沙上空落下一块五斤重的大冰块》的消息。该消息将一块人造冰说成是"天外来客"。因为消息失实，所以造成了很不好的影响。

为什么会闹出这种笑话呢？并不是作者凭空杜撰的这条消息，作者还真的去实地进行了调查，只是他们的调查不深入、不细致，才导致了这一结果。这就是毛泽东所说的"不做正确的调查同样没有发言权"②。

---

① 《陈云文选》第 3 卷，人民出版社 1995 年版，第 189 页。
② 《毛泽东农村调查文集》，人民出版社 1983 年版，第 13 页。

原来，采写这条消息的两位记者头天晚上从当地的电视屏幕上看到"长沙上空掉下一块冰团"的报道，第二天就赶到"落冰"的小学现场采访，找了当时听到声响的五位教师座谈。座谈会上，每个教师都讲得活灵活现，都举出种种理由：如周围没有高楼，掉冰时没有飞机飞过等等，说明冰团是天上掉下来的。记者在采访中虽然对落下冰团的真假抱有怀疑，但是见座谈的教师们很肯定，也就认为冰团"从天而降"的事实可靠了。因此就写了消息，拍了照片。他们怎么也没有想到这块冰团竟是一个小青年从墙外扔进小学操场的。

调查者虽然到了现场，但由于提供情况的人介绍的情况不实，而调查者又没有追根究底，反复核实，结果还是写出了失实的报道。

▌延伸阅读

一

怎样找调查的典型？调查的典型可以分为三种：一、先进的，二、中间的，三、落后的。如果能依据这种分类，每类调查两三个，即可知一般的情形了。

如何收集和整理材料？都必须自己亲身去做，在做的过程中找出经验来，用这些经验再随时去改进以后的调查和整理材料的工作。

怎样使对方说真话？各个人特点不同，因此，要采取的方法也各不相同。但是，主要的一点是要和群众做朋友，而不是去做侦探，使人家讨厌。群众不讲真话，是因为他们不知道你的来意究竟是否于他们有利。要在谈话过程中和做朋友的过程中，给他们一些时间摸索你的心，逐渐地让他们能够了解你的真意，把你当做好朋友看，然后才能调查出真情况来。群众不讲真话，不怪群众，只怪自己。

我在兴国调查中，请了几个农民来谈话。开始时，他们很疑惧，不知我究竟要把他们怎么样。所以，第一天只是谈点家常事，他们脸上没有一点笑容，也不多讲。后来，请他们吃了饭，晚上又给他们宽大温暖的被子睡觉，这样使他们开始了解我的真意，慢慢有点笑容，说得也较多。到后来，我们简直毫无拘束，大家热烈地讨论，无话不谈，亲切得像自家人一样。

——《毛泽东选集》第2卷，人民出版社1993年版，
第384—384页。

二

在延安的时候，我曾经仔细研究过毛主席起草的文件、电报。当我全部读了毛主席起草的文件、电报之后，感到里面贯穿着一个基本指导思想，就是实事求是。那末，怎样才能做到实事求是？当时我的体会就是十五个字：不唯上、不唯书、只唯实，交换、比较、反复。

不唯上，并不是上面的话不要听。不唯书，也不是说文件、书都不要读。只唯实，就是只有从实际出发，实事求是地研究处理问题，这是最靠得住的。交换，就是互相交换意见，比方说看这个茶杯，你看这边有把没有花，他看那边有花没有把，两人各看到一面，都是片面的，如果互相交换一下意见，那末，对茶杯这个事物我们就会得到一个全面的符合实际的了解。过去我们犯过不少错误，究其原因，最重要的一点，就是看

问题有片面性，把片面的实际当成了全面的实际。作为一个领导干部，经常注意同别人交换意见，尤其是多倾听反面的意见，只有好处，没有坏处。比较，就是上下、左右进行比较。抗日战争时期，毛主席《论持久战》就是采用这种方法。他把敌我之间互相矛盾着的强弱、大小、进步退步、多助寡助等几个基本特点，作了比较研究，批驳了"抗战必亡"的亡国论和台儿庄一战胜利后滋长起来的速胜论。毛主席说，亡国论和速胜论看问题的方法都是主观的和片面的，抗日战争只能是持久战。历史的发展证明了这个结论是完全正确的。由此可见，所有正确的结论，都是经过比较的。反复，就是决定问题不要太匆忙，要留一个反复考虑的时间。这也是毛主席的办法。他决定问题时，往往先放一放，比如放一个礼拜、两个礼拜，再反复考虑一下，听一听不同的意见。如果没有不同的意见，也要假设一个对立面。吸收正确的，驳倒错误的，使自己的意见更加完整。并且在实践过程中，还要继续修正。因为人们对事物的认识，往往不是一次就能完成的。这里所说的反复，不是反复无常、朝令夕改的意思。

这十五个字，前九个字是唯物论，后六个字是辩证法，总起来就是唯物辩证法。

——《陈云文选》第3卷，人民出版社1995年版，
第371—372页。

三、牢记调查研究的五点要求

2003年2月25日，时任浙江省委书记的习近平在《浙江日报》"之江新语"专栏发表了一篇题为《调研工作务求"深、实、细、准、效"》的短文，文章提出在调研工作中，"一定要保持求真务实的作风，努力在求深、求实、求细、求准、求效上下工夫。"这篇文章虽然篇幅短小，但内容深邃，把调查研究应该注意到的问题都说深说透了。干部特别是年轻干部应该牢记并践行习近平总书记提出的"求深、求实、求细、求准、求效"这"五点"要求，通过牢记并践行这"五点"要求，来提高调查研究的水平，增强调查研究能力。

（一）深入群众，深入基层

"'深'，就是要深入群众，深入基层，善于与工人、农民、知识分子和社会各界人士交朋友，到田间、厂矿、群众和社会各层面中去解决问题。"①

干部特别是年轻干部调查研究必须深入群众，深入基层，到群众中去倾听基层干部群众的所想所急所盼，脚踏实地地去了解和掌握真实情况，千万不能走马观花、蜻蜓点水似地去调查研究，更不能只看到一点表面现象，一个枝节片叶，就以偏概全，指手划脚。这是调查研究之大忌。

深入群众，深入基层，不仅"身到"，更要"心到"。"身到"而"心不到"，是形式上的调查研究，而不是实际上的调查研究。形式上的调查研究是根本了解不到真实情况的。

"涉浅滩者得鱼虾，入深水者得蛟龙。"干部特别是年轻干部在调查研究中，只有放下架子、扑下身子，接地气、通下情，"身入心至"，才能获得真实有益的东西。

---

① 习近平：《调研工作务求"深、实、细、准、效"》，《浙江日报》2003年2月25日。

（二）听实话、摸实情、办实事

"'实'，就是作风要实，做到轻车简从，简化公务接待，真正做到听实话、摸实情、办实事。"①

2012 年 12 月 4 日，习近平总书记主持召开中共中央政治局会议，审议通过了中央政治局关于改进工作作风、密切联系群众的八项规定。

八项规定之第一项规定就是："要改进调查研究，到基层调研要深入了解真实情况，总结经验、研究问题、解决困难、指导工作，向群众学习、向实践学习，多同群众座谈，多同干部谈心，多商量讨论，多解剖典型，多到困难和矛盾集中、群众意见多的地方去，切忌走过场、搞形式主义；要轻车简从、减少陪同、简化接待，不张贴悬挂标语横幅，不安排群众迎送，不铺设迎宾地毯，不摆放花草，不安排宴请。"

干部特别是年轻干部到基层调查研究，一定要严格按照八项规定的这一要求去做，以实实在在的作风去深入地进行调查研究。

---

① 习近平：《调研工作务求"深、实、细、准、效"》，《浙江日报》2003年 2 月 25 日。

（三）细心听取各方面的意见

"'细'，就是要认真听取各方面的意见，深入分析问题，掌握全面情况。"①

调查研究是一项深入细致的工作。细致，就包括细心听取各方面的意见。请看毛泽东同志在调查研究中是怎样认真听取各方面的意见，深入分析问题，掌握全面情况的。1941 年 3 月 17 日，他在《农村调查》的序言中谈到过他是怎样细心听取各方面的意见的。他说：

"开调查会，是最简单易行又最忠实可靠的方法，我用这个方法得了很大的益处，这是比较什么大学还要高明的学校。到会的人，应是真正有经验的中级和下级的干部，或老百姓。我在湖南五县调查和井冈山两县调查，找的是各县中级负责干部；寻乌调查找的是一部分中级干部，一部分下级干部，一个穷秀才，一个破产了的商会会长，一个在知县衙门管钱粮的已经失了业的小官吏。他们都给了我很多闻所未闻的知识。使我第一次懂得中国监狱全部腐败情形的，是在湖南衡山县作调查时该县的一个小狱吏。兴国调查和长冈、才溪两乡调查，找的是乡级工作同志和普通农民。这些干部、农民、秀才、狱吏、商人和

---

① 习近平：《调研工作务求"深、实、细、准、效"》，《浙江日报》2003年 2 月 25 日。

钱粮师爷，就是我的可敬爱的先生，我给他们当学生是必须恭谨勤劳和采取同志态度的，否则他们就不理我，知而不言，言而不尽。开调查会每次人不必多，三五个七八个人即够。必须给予时间，必须有调查纲目，还必须自己口问手写，并同到会人展开讨论。因此，没有满腔的热忱，没有眼睛向下的决心，没有求知的渴望，没有放下臭架子、甘当小学生的精神，是一定不能做，也一定做不好的。必须明白：群众是真正的英雄，而我们自己则往往是幼稚可笑的，不了解这一点，就不能得到起码的知识。"①

从毛泽东同志的这段话中，我们不难看出，他是怎样悉心听取各方面的意见的。他把干部、农民、秀才、狱吏、商人和钱粮师爷，都当成自己可敬爱的先生，以恭谨勤劳和采取同志态度的方式向他们请教，从而获得了真实的情况。

（四）准确分析矛盾、发现问题

"'准'，就是不仅要全面深入细致地了解实际情况，更要善于分析矛盾、发现问题，透过现象看本质，把握规

---

① 《毛泽东选集》第 3 卷，人民出版社 1991 年版，第 790 页。

律性的东西。"①

干部特别是年轻干部通过调查研究，全面而深入细致地了解到了实际情况，但这还仅仅是一个开始，更重要的是要能站在马克思主义的立场上，对矛盾进行深入的分析，并透过现象看到其本质，从而认识并把握它的内在规律。

毛泽东同志的《寻乌调查》就是准确分析矛盾、发现问题的典范之作。

1930年5月毛泽东同志在江西省寻乌县进行了20多天的调查。在调查期间，他对寻乌的政治区划、地理交通、商业活动、土地关系、土地斗争的状况，进行了全面而详尽的考察分析。《寻乌调查》一文，就是考察分析的结果。文中详细叙述了寻乌的水陆运输、商品集散和流向，以及20多个行业的状况。通过寻乌调查，他搞清楚了富农的问题，认为，对于富农应该在经济上限制而不是彻底消灭，提出了对富农的土地要实行"抽多补少"、"抽肥补瘦"的土地分配方案。

1941年9月13日，毛泽东同志在《关于农村调查》一文中写道："到井冈山之后，我作了寻乌调查，才弄清了富农与地主的问题，提出解决富农问题的办法，不仅要

①　习近平：《调研工作务求"深、实、细、准、效"》，《浙江日报》2003年2月25日。

抽多补少，而且要抽肥补瘦，这样才能使富农、中农、贫农、雇农都过活下去。"①

2011 年 11 月 16 日，习近平总书记在中共中央党校秋季学期第二批学员入学开学典礼上的讲话中曾经评价过毛泽东的寻乌调查。他说，毛泽东同志 1930 年在寻乌县调查时，直接与各界群众开调查会，掌握了大量第一手材料，诸如该县各类物产的产量、价格，县城各业人员数量、比例，各商铺经营品种、收入，各地农民分了多少土地、收入怎样，各类人群的政治态度，等等，都弄得一清二楚。这种深入、唯实的作风值得我们学习。②

干部特别是年轻干部应该响应习近平总书记的号召，学习毛泽东同志深入、唯实的作风，学习毛泽东同志准确分析矛盾、发现问题的本领。

（五）提出切实可行的解决问题的对策

"'效'，就是提出解决问题的办法要切实可行，制定的政策措施要有较强操作性，做到出实招，见实效。"③

---

① 《毛泽东文集》第 2 卷，人民出版社 1993 年版，第 179 页。
② 习近平：《谈谈调查研究》，《学习时报》2011 年 11 月 22 日。
③ 习近平：《调研工作务求"深、实、细、准、效"》，《浙江日报》2003年 2 月 25 日。

　　调查研究不是为了调查而调查，不是为了研究而研究。调查研究的目的，是要把事情的真相和全貌调查清楚，把问题的本质和规律把握准确，把解决问题的思路和对策研究透彻。

　　1990 年 5 月 17 日，原先驻扎连江县的南京军区某师师部奉命迁入福州市郊五凤山脚下的军营。当天晚上，刚刚上任九天的福州市委书记习近平连夜冒雨走进了部队临时搭建的野战帐篷。

　　"你们刚搬到这里，困难肯定不少。有多少难处，竹筒倒豆子，全都倒出来。然后我们再逐个帮你们捡起来，一粒不会少。"习近平微笑着说。

　　初到此地，部队面临着许多现实困难。部队领导连提了三个请求：能不能修一条战备路，能不能解决三百多名随军家属落户和一百多名随军子女入学的问题？

　　面对这三个在当时并不那么容易解决的问题，习近平没有丝毫犹豫，当即表态"要特事特办，马上就办"。那份担当和气魄给部队的指战员们吃下了定心丸。

　　不久以后，一条 2.5 公里的战备公路通车，从规划到竣工仅用了一个月的时间；全师符合条件的随军家属，全部落户福州；跟随父母辗转多地的孩子们进入了福州的小学、中学读书。在此之前，这支入闽 15 年的部队，子弟

里没有出过一个大学生。而此后 25 年，不少孩子如愿以偿考入清华大学、南京大学、厦门大学……①

习近平总书记的调查研究真是"出实招、见实效"，值得干部特别是年轻干部学习。干部特别是年轻干部在深入实际调查研究之后，要为调查发现的问题给出解决的思路和切实可行的对策。

总之，对调研得来的大量材料和情况，干部特别是年轻干部要认真研究分析，由此及彼、由表及里。"对经过充分研究、比较成熟的调研成果，要及时上升为决策部署，转化为具体措施；对尚未研究透彻的调研成果，要更深入地听取意见，完善后再付诸实施；对已经形成举措、落实落地的，要及时跟踪评估，视情况调整优化"②。

▌延伸阅读

　　坚持和完善先调研后决策的重要决策调研论证制度。陈云同志说："领导机关制定政策，要

---

① 《秘书工作》采访组：《习近平同志在福州工作期间倡导践行"马上就办"纪实》，人民网　中国共产党新闻网，2015 年 3 月 11 日。
② 《习近平在中央党校（国家行政学院）中青年干部培训班开班式上发表重要讲话》，新华网，2020 年 10 月 10 日。

用百分之九十以上的时间作调查研究工作，最后讨论作决定用不到百分之十的时间就够了。"这是很有道理的。决策是一个提出问题、分析问题、解决问题的过程。为了防止和克服决策中的随意性及其造成的失误，提高决策的科学化水平，必须把调查研究贯穿于决策的全过程，真正成为决策的必经程序。该通过什么调研程序决策的事项，就要严格执行相关调研程序，不能嫌麻烦、图省事。对本地区、本部门事关改革发展稳定全局的问题，应坚持做到不调研不决策、先调研后决策。提交讨论的重要决策方案，应该是经过深入调查研究形成的，有的要有不同决策方案作比较。特别是涉及群众切身利益的重要政策措施出台，要采取听证会、论证会等形式，广泛听取群众意见。要在建立、完善落实重大项目、重大决策风险评估机制上取得实质性进展，使我们的各项工作真正赢得群众的理解和支持，从源头上预防矛盾纠纷的发生。

——习近平：《谈谈调查研究》，《学习时报》
2011 年 11 月 22 日。

思 考 题

1.请结合工作实际思考调查研究的重要性。

2.为什么说调查研究是理论联系实际的桥梁？

3.为什么说实事求是的态度是搞好调查研究的保证？

4.在新时代的调研中，年轻干部怎样能让群众说真话？

5.调查研究怎样才能做到不仅"身入"基层，而且"心到"基层？

6.调查研究怎样才能出实招、见实效？

第三章
提高科学决策能力，善谋思路定良策

毛泽东同志说："领导者的责任，归结起来，主要地是出主意、用干部两件事。"①"出主意"是决策，"用干部"也是决策，即使再民主，最后也需要领导拍板。

邓小平同志讲："我的抓法就是抓头头，抓方针。"②"抓头头"是用人，"抓方针"就是决策。

刘伯承元帅告诫各级指挥员："不能将自己等同于一个冲锋陷阵的士兵，因为你还要发号施令，这是决定成败的关键，光有吕布之勇，夏侯之猛还远远不够，还必须有子房之谋，孔明之智……"这里的"谋、智"，都是决策。正因为如此，习近平总书记强调要求"年轻干部要提高科

---

① 《毛泽东选集》第 2 卷，人民出版社 1991 年版，第 527 页。
② 《邓小平文选》第 2 卷，人民出版社 1994 年版，第 70 页。

学决策能力"①。

决策，是决策主体为了解决某一问题，根据主客观条件，对未来的行动方案进行设计、选择，并做出决定的过程。

决策，是领导者的主要职责，是确定方针、策略的大计活动，是整个领导工作的关键与核心。干部特别是年轻干部要履行好职责，必须提高科学决策的能力，能科学正确地进行决策。

一、培养战略眼光，看得远、想得深

习近平总书记强调，要做到科学决策，首先要有战略眼光，看得远、想得深②。所谓战略眼光，就是看问题具有全局、长远的视角。决策必须具有战略眼光，高瞻远瞩，这样才能站得高，看得远，做出既有利于眼前，又利于长远；既有利于局部，又有利于全局的决策。

干部特别是年轻干部培养战略眼光需要在以下几方面有所作为：

---

① 《习近平在中央党校（国家行政学院）中青年干部培训班开班式上发表重要讲话》，新华网，2020 年 10 月 10 日。
② 《习近平在中央党校（国家行政学院）中青年干部培训班开班式上发表重要讲话》，新华网，2020 年 10 月 10 日。

（一）培养大局意识，强化全局观念

大局意识，全局观念，是从全局的高度、长远的角度出发对客观事物进行综合考量和统筹谋划。前人所言的："不谋万世者，不足谋一时；不谋全局者，不足谋一域。""全局之谋、万世之谋"，都是对大局意识的精辟概述。

历史事实证明，从全局考虑，从长远出发，是成功决策的基础要件。

土地革命战争时期，"左"倾冒险主义者就是因为不懂得着眼全局、考虑长远的大道理，他们主张"不丧失一寸土地"，反对一切必要的退却，结果造成了全局的失败。而毛泽东同志懂得"着眼全局、考虑长远"这个大道理，因此，他领导全国人民夺取了政权，建立了中华人民共和国。西安事变释放蒋介石，就是着眼全局、考虑长远的经典案例。

1947 年 3 月主动撤离延安，也是如此。1947 年 3 月，国民党蒋介石集中 34 个旅 25 万人，向党中央所在地延安大举进攻，妄图一举摧毁我中央机关和人民解放军总部。党中央、毛泽东主席审时度势，决定暂时撤离延安。

为什么要暂时撤离延安？ 1947 年 3 月 13 日，毛泽东同志接见从山西前来保卫延安的新四旅、教导旅的部分干部，向他们说明了党中央和中央军委决定撤离延安的战略意图与对敌斗争的策略。

毛泽东同志指出，胡宗南要来延安，那就让他来嘛，不只延安，东北、华北还有别的解放区，必要时我们暂时都会让一点地方给他们，让他们多背上几个包袱，他们背不动了，还是要给我们放下的。只要我们好好打几个大胜仗，不只是延安要回到我们手里，西安、武汉、南京、上海、北平也会回到我们手里。全中国都是人民的，都要回到人民手里。

毛泽东同志又强调说，作战不在一城一地的得失，主要是要消灭敌人的有生力量，才能保存自己，收复失地。"存人失地，人地皆存；存地失人，人地皆失。"我们暂时放弃延安就是把包袱让给敌人背上，使自己打起仗来更主动更灵活，而敌人背的包袱越多越走不动，到那时，我们就能大量消灭敌人……将来人民会看到，蒋介石占领延安绝不是他的胜利，而是搬起石头砸自己的脚，他就要倒霉了。

2004 年 11 月 24 日，时任浙江省委书记的习近平在《浙江日报》"之江新语"专栏发表了一篇题为《立足当前，着眼长远》的政治短评。文章说："我们做一切工作，都必须统筹兼顾，处理好当前与长远的关系。我们强调求实效、谋长远，求的不仅是一时之效，更有意义的是求得长远之效。当前有成效、长远可持续的事要放胆去做，当前不见效、长远打基础的事也要努力去做。千万不要'空前绝后'，出现'前任的政绩，后任的包袱'，甚至犯下不可补救的过失，造成不可挽回的损失。"这都是大局意识、全局观念。

强化大局意识，培养全局观念，要求干部特别是年轻干部在决策时，不要眼睛只盯着自己的"一亩三分地"，"坐井观天"，要胸怀大局、把握大势、着眼大事。对大局了然于胸，对大势洞幽烛微，从大局出发，来想问题、办事情、做决策。自觉做到眼前利益服从长远利益，局部利益服从全局利益。

我们强调全局利益、长远利益的重要，并不是对局部利益、眼前利益的否定。这里有个如何认识和处理全局和局部、长远利益和眼前利益的关系问题。

全局，指事物的整体及其发展的全过程；局部，指构成事物整体的各个部分、各个方面及其发展的各个阶段。

全局是由一个个不同层次的局部所组成，全局制约局部，而局部又影响全局。在局部与全局发生冲突时，要果断地舍弃局部，抓住重点，保证全局。这就是邓小平同志所讲的，小道理要服从大道理。小道理为什么要服从大道理？因为大道理是纲，小道理是目，纲举目才能张。汉朝人桓谭在《新论》中说："举网以纲，千目皆张；振裘持领，万毛自整。"这句话的意思是说，打鱼时，抓住网上的大绳，网眼就张开了；整理皮裘时，抓住领口一抖，毛就理顺了。

"大道理"就是渔网上的"大绳"，皮裘的"衣领"。纲举目才能张开，持领毛才能齐整。决策中，只有用"大道理"管住"小道理"，才能从根本上把握决策的宏观方向。

当然，在局部利益可能导致全局利益失败时，决策者又要高度重视局部利益。

因此，干部特别是年轻干部在决策时，做出的决策既要能体现党的路线方针政策的要求，又要坚持实事求是，同本地区本部门本单位的实际情况相结合；既要考虑局部利益，又要考虑全局利益；既要考虑近期目标，又要考虑长远规划。正如习近平总书记所要求的，想问题、作决策，一定要对国之大者心中有数，多打大算盘、算大账，少打小算盘、算小账，善于把地区和部门的工作融入党和国家事业大棋局，做到既为一域争光、更为全局添彩。①

---

① 《习近平在中央党校（国家行政学院）中青年干部培训班开班式上发表重要讲话》，新华网，2020年10月10日。

（二）培养前瞻思维，善于科学预测

"坐在指挥台上，如果什么也看不见，就不能叫领导。坐在指挥台上，只看见地平线上已经出现的大量的普遍的东西，那是平平常常的，也不能算领导。只有当着还没有出现大量的明显的东西的时候，当桅杆顶刚刚露出的时候，就能看出这是要发展成为大量的普遍的东西，并能掌握住它，这才叫领导。"① 这是毛泽东同志在党的七大会议上所言。

在毛泽东同志看来，领导者必须具有前瞻思维，能科学地预测未来。

预测，就是预先看到前途趋向，预先准备应对各种可能性的对策。未雨绸缪，防患于未然。

法国未来学家 H. 儒弗尔所言："没有预测，就没有决策的自由。"

如何预测，按照《吕氏春秋》的概括，预测的任务主要有三点：

"知始"，就是要预测事情的可行性如何。事情如果可行，怎样开始；如果不可行，及时中止。

"知终"，就是要预测事情的最后结果如何。

———————————

① 《毛泽东文集》第 3 卷，人民出版社 1996 年版，第 394、395 页。

"知中"，就是要预测事情发展的全过程如何。估计在什么阶段会发生什么新情况，以便预先准备好对策，来确保预定目标的实现。刘备江东娶妻时，诸葛亮给他的锦囊妙计，就是"知中"的最好阐释。

读过《三国演义》的人都知道火烧赤壁的故事。故事中，火烧曹营是决策的目标，连环计、苦肉计、反间计则是具体的途径。

要说这决策目标很不错，三条计策的途径也非常好。但是临作战的前几天所刮的西北风却不利于决策目标的实现，因为曹营在江北。所以，目标再具体伟大，途径再巧妙也于事无补，必须运用对策来解决这一问题。

诸葛亮的借东风就是对策问题。后人曾作诗评论说："七星坛上卧龙登，东风一夜江水腾。不是孔明施妙计，哪有周瑜呈才能。"

可见，即使决策目标正确，途径措施无懈可击，但缺少必要的对策，也往往是功亏一篑。这就是人们常说的"万事俱备，只欠东风。"

科学预测不是算命先生。它是建立在丰富的阅历、渊博的知识、深入的调查、缜密的分析判断基础之上的。

预测要能见微知著，见一叶而知秋，要能坚持辩证唯物主义的立场，对所获得的决策相关信息去伪存真，透过现象看本质。

《韩非子·喻老》曾经记载过这样一个故事：春秋时，楚庄王准备讨伐陈国，便派使者前去侦察陈国的情况。使者侦察后回来报告说："陈国是不能讨伐的，因为它城墙高，护城河深，积蓄的财物多。"大臣宁国听了他的话，却认为，可以攻打陈国。他向楚庄王分析说："陈国，是个小国家，而它积蓄的财物却很多。这表明它的赋税重，老百姓一定对国君怨恨不满了。城墙高，护城河深，则民力肯定疲惫不堪了。此时派兵攻打它，一定能够大获全胜。"楚庄王接受了宁国的建议，遂夺取了陈国。

这里，信息情报相同，但由于见识的高低深浅不同，便得出了截然相反的决策意见。可见，收集的信息要准确、全面，但全面、准确的信息还需要正确的分析。只有正确的分析，才能去伪存真，由表及里，透过现象看本质，做出科学的决策来；否则，偏听偏信，或为表面现象所迷惑，决策就会失误。

毛泽东同志堪称预测伟人。抗日战争全面爆发后，面对"亡国论"和"速胜论"的错误论调，毛泽东同志在科学分析敌我力量对比的基础上，科学预测抗日战争是持久战，最后胜利将是属于中国的。他指出："这种持久战，将具体地表现于三个阶段之中。第一个阶段，是敌之战略进攻、我之战略防御的时期。第二个阶段，是敌之战略保守、我之准备反攻的时期。第三个阶段，是我之战略反攻、敌之战略退却的时期。"①

毛泽东着重指出，第二阶段是整个战争的过渡阶段，也将是最困难的时期。

为了实现持久战的战略总方针，毛泽东同志还提出了一套具体的战略方针。这就是在第一和第二阶段中主动地、灵活地、有计划地执行防御战中的进攻战，持久战中的速决战，内线作战中的外线作战；第三阶段中，应是战略的反攻战。

毛泽东同志对抗日战争所做出的科学预测，为夺取抗战最终胜利奠定了重要的指导思想基础。

（三）培养远见卓识，不畏浮云遮望眼

培养战略眼光，还要有远见卓识，站得高，看得远，不畏浮云遮望眼。孔子就是一位见识卓著，不畏浮云遮望眼之人。

《吕氏春秋·察微》曾经记载过这样一件事：春秋的时候，鲁国有一条法规，鲁国人到其他诸侯国去旅行，如

----

① 《毛泽东选集》第 2 卷，人民出版社 1991 年版，第 462 页。

果看到有本国的人在那里沦为奴隶，可以自己垫钱把他先赎回来，等回国之后再到官府去报销，并领取一定的奖金。

孔子的学生子贡，在外出旅行的时候，看到有鲁国人在他国作奴仆，便自己掏钱把他给赎出来了。子贡回国之后，却没有去官府报销和领取奖金。

孔子知道这件事情之后，批评了子贡。孔子说："你错了。圣人做事，可以移风易俗，并教育引导百姓去做，并非单独适合你自己的行为。现如今鲁国富裕的人少而贫穷的人多，你去官府报销并领取奖金，并不损害你的品行；而你拒绝到官府报销和领取奖金，则鲁国人以后再不会有人去赎人了。"

按照一般人的看法，子贡自己掏钱赎人而不去官府报销和领取奖金，这是为人仗义、品德高尚的表现。既然如此，他为什么还要受到孔子的批评？让人不解。

原来，子贡之所以受到孔子的批评，是因为在孔子看来，子贡的做法是"为小道而弃大道"。这样做的结果，是以后他人在国外看到鲁国人沦为奴隶，就要对是否垫钱把他赎出来产生犹豫：如果自己垫钱把他赎出来再去官府报销领奖，人们就会说自己不仗义，不高尚；而不去官府报销，自己的损失谁来弥补？于是，多一事不如少一事，他便会假装没看见。

明代的袁了凡在其所著的《了凡四训》中认为，孔子对子贡的批评，是"知人之为善，不论现行而论流弊；不论一时而论久远；不论一身而论天下。现行虽善，其流足以害人；则似善而实非也；现行虽不善，而其流足以济人，则非善而实是也"。

袁了凡的这段话的意思是说，要了解一个人做的事是否为善事，不看眼前，而看长远；不看一时，而看一世；不看一身，而看天下。现在所为，虽然是善，但是如果流传下去，对人有害，那就虽然像善，实际还不是善；现在所行，虽然不是善，但是如果流传下去，能够帮助人，那就虽然像不善，实际倒是善！

应该说，子贡的做法就个人来讲，无疑是正确的，体现了他的仗义、他的高尚。但是，对国家来讲，则是不正确的。因为他从客观上破坏了国家的法律。他个人的"小局"损害了国家的"大局"。

孔子和子贡的故事对于当今的干部特别是年轻干部来说，依然有着一定的启迪意义。这种意义是：看问题不能局限于一时一事，必须考虑它对未来会产生什么样的影响；看问题不能局限于一城一地，必须考虑它对全局会产生什么样的结果。不要因为个人的、地方的、部门的"小道理"而破坏国家的"大道理","小道理"一定要服从"大道理"。

　　之所以要强调"小道理"一定要服从"大道理",是期望干部特别是年轻干部能从国家和人民的根本利益着眼来观察和处理问题。

▌延伸阅读

　　　　说"一着不慎,满盘皆输",乃是说的带全局性的,即对全局有决定意义的一着,而不是那种带局部性的即对全局无决定意义的一着。下棋如此,战争也是如此。

　　　　　　——《毛泽东选集》第1卷,人民出版社1991年版,
　　　　　　　　　　　　　　　　　　　　　　第175页。

二、深入社会实际,克服"三个主义"

　　干部特别是年轻干部提高决策能力,还必须克服主观主义、官僚主义和教条主义。这"三个主义"是科学决策的大敌。克服"三个主义"的重要方法,就是要深入社会实际。

（一）深入社会实际，才能克服主观主义

领导决策，最忌主观主义。主观主义是唯心主义世界观的一种表现，其特征是不从客观实际出发，不从现实可能性出发，不按实际情况办事，而是从主观愿望出发，按自己的主观意志办事。

主观主义，是我党向来所反对的。1930 年 5 月，毛泽东同志就说过："你试试离开实际调查去估量政治形势，去指导斗争工作，是不是空洞的唯心的呢？这种空洞的唯心的政治估量和工作指导，是不是要产生机会主义错误，或者盲动主义错误呢？一定要弄出错误。这并不是他在行动之前不留心计划，而是他于计划之前不留心了解社会实际情况，这是红军游击队里时常遇见的。那些李逵式的官长，看见弟兄们犯事，就懵懵懂懂地乱处置一顿。结果，犯事人不服，闹出许多纠纷，领导者的威信也丧失干净，这不是红军里常见的吗？"[1] 据此，毛泽东要求，"必须洗刷唯心精神，防止一切机会主义盲动主义错误出现，才能完成争取群众战胜敌人的任务。必须努力作实际调查，才能洗刷唯心精神。"[2]

延安整风时，我党还系统地批判了主观主义。毛泽东

---

[1]　《毛泽东选集》第 1 卷，人民出版社 1991 年版，第 112 页。
[2]　《毛泽东选集》第 1 卷，人民出版社 1991 年版，第 112 页。

同志指出:"这种反科学的反马克思列宁主义的主观主义的方法,是共产党的大敌,是工人阶级的大敌,是人民的大敌,是民族的大敌,是党性不纯的一种表现。大敌当前,我们有打倒它的必要。只有打倒了主观主义,马克思列宁主义的真理才会抬头,党性才会巩固,革命才会胜利。"①

2019年6月8日四川富顺的王良炬先生曾经在网络上发表了一篇题为"管理要克服主观主义深入实际"的文章,文章谈到一件事:"以前,父亲曾讲过一个故事,说刚解放时,农村基层的干部,多是从没文化的贫苦农民中挑选出来的。我们村,当时有一个干部姓郭,开会时他讲话,翻来覆去就一句:'东南村有问题!'但问题有哪些?问题在哪里?又说不具体、细致、真切和深入。到后来,他不得不从领导岗位上下来,再次成为一个普通的农民。"

虽然现在没有文化的干部已经绝迹,但类似"东南村有问题"这种主观性很强的事情却还是经常发生。

有的干部做决策,不深入实际,不深入基层,结果陷入到"三拍四了"的境地。所谓"三拍",就是拍脑袋决定,拍胸脯表态,拍大腿后悔。所谓"四了",就是"一拍脑

---

① 《毛泽东选集》第3卷,人民出版社1991年版,第800页。

袋，有了；一拍胸脯，好了；一拍大腿，坏了；一拍屁股，算了"。

（二）深入社会实际，才能克服官僚主义

官僚主义是一种脱离群众、脱离实际、工作怕艰苦、作风不深入、当官做老爷的工作作风。

官僚主义是个老话题。马克思主义经典作家对此都有过揭露和批判。列宁曾经大声地疾呼，共产党员成了官僚主义者。如果有什么东西会把我们毁掉的话，那就是这个。他对官僚主义者的处理也是绝不手软：

一次，几个农民为申诉地方政府非法征用他们的马匹，写了两封请愿书给人民委员会总务处。总务处把请愿书交给野总司令部动员委员会审查，动员委员会把信转给首都事务特别委员会，特别委员会又把请愿书退回人民委员会。并在信封上写道："工作太忙，根本没有功夫来管这些琐事。"

这两封请愿书在三个机关转了三个星期，什么问题也没有解决。列宁同志知道这件事情之后，非常气愤，当即给国家监察部负责人写了一张便条，建议"把写这个批语的官僚逮捕起来。"

毛泽东同志 1933 年 8 月在《必须注意经济工作》的

报告中，提出"要把官僚主义方式这个极坏的家伙抛到粪缸里去"。

1963 年 5 月 29 日，周恩来同志专门撰写《反对官僚主义》一文，文中列举了官僚主义的 20 种表现，认为它"是领导机关最容易犯的一种政治病症"。

1980 年，邓小平同志在《党和国家领导制度的改革》的讲话中指出，"官僚主义现象是我们党和国家政治生活中广泛存在的一个大问题"，他还列举了官僚主义的 24 种主要表现和危害，认为"已达到令人无法容忍的地步"。

然而，时至今日，让马克思主义经典作家深恶痛绝的官僚主义并没有销声匿迹，2013 年 6 月 18 日启动的党的群众路线教育实践活动，其中一个重要的任务，就是反对官僚主义。习近平总书记在党的群众路线教育实践活动工作会议上的讲话中强调："反对官僚主义，要着重解决在人民群众利益上不维护、不作为的问题，教育引导党员、干部深入实际、深入基层、深入群众，坚持民主集中制，虚心向群众学习，真心对群众负责，热心为群众服务，诚心接受群众监督，坚决整治消极应付、推诿扯皮、侵害群众利益的问题。"①

---

① 《习近平谈治国理政》，外文出版社 2014 年版，第 374 页。

试想，一个脱离群众、脱离实际、工作怕艰苦、作风不深入、当官做老爷的干部怎么可能了解到真实存在的问题，又怎么能找到差距，又怎么能做出正确的决策？

毛泽东同志在《反对本本主义》一文中曾经形象地把那种不深入实际而得出的调查结果，称之为"挂了一篇狗肉账"。他说："调查的结果就像挂了一篇狗肉账，像乡下人上街听了许多新奇故事，又像站在高山顶上观察人民城郭。这种调查用处不大，不能达到我们的主要目的。"①

干部特别是年轻干部要避免毛泽东同志谈到的"像挂了一篇狗肉账"的调查结果，必须深入实际，克服官僚主义。而这也是提高科学决策能力的重要一环。

（三）深入社会实际，才能克服教条主义

教条主义是一种脱离具体的实践，只是生搬硬套现成的原则、概念来处理问题的思想作风。

教条主义是马克思主义者们所坚决反对的。马克思就曾经态度鲜明地表示，我不主张我们竖起任何教条主义的旗帜。恩格斯也申明，我们的理论是发展的理论，而不是必须背得烂熟并机械地加以重复的教条。毛泽东同志更是

---

① 《毛泽东选集》第 1 卷，人民出版社 1991 年版，第 113 页。

形象地要求："教条主义必须休息，而代之以新鲜活泼的、为中国老百姓所喜闻乐见的中国作风和中国气派。"①

2015年1月23日，习近平总书记在主持十八届中央政治局第二十次集体学习时也深刻指出："理论一旦脱离了实践，就会成为僵化的教条，失去活力和生命力。"

不管是历史还是现实，教条主义对决策所造成的危害都不容低估。如王明，照抄照搬苏联的经验，使中国革命遭受到巨大的损失。

在军事上，王明"左"倾错误路线实行冒险主义，顽固地坚持城市中心论，在中心城市举行工人总罢工和武装暴动。结果，使党在白区的组织几乎损失了百分之百。在第五次反"围剿"战斗中，他们完全置中央红军的实际情况于不顾，贸然攻打敌人的坚固阵地。进攻失败之后，又采取防御中的保守主义，致使红军处于被动地位。结果，第五次反"围剿"失败，我党的力量在红区损失了百分之九十，红军被迫长征。

在政治上，王明"左"倾错误路线实行关门主义，把愿意抗日的民族资产阶级、中间派别看成是"最危险的敌人"，主张整个地反对资产阶级和上层小资产阶级。

---

① 《毛泽东选集》第2卷，人民出版社1991年版，第534页。

"一切斗争，否认联合"。谁反对他们的"左"倾错误路线，就"残酷斗争，无情打击"。毛泽东同志当时就被他们剥夺了领导权。

王明的"左"倾错误路线给党和红军造成了巨大的损失，全国红军从30万人减少到3万人，党员从30万人减少到4万人。

教训深刻啊！

▌延伸阅读

恩格斯有一句名言：我们的理论不是教条，而是行动的指南。列宁称这是"经典性的论点"。实际上，它讲的就是理论联系实际的学风。可现实生活中却存在着一种奉行本本和教条的"书呆子"现象。有一些党员，特别是少数领导干部，虽然都有一定的文化水平，也经常读书，但却没有真正做到"求知善读"，不是专注于死读书、读死书，就是生搬硬套、照抄照搬，还有的纸上谈兵、华而不实。"书呆子"现象在领导干部中的存在，不但害人害己、影响工作，而且危害长远、影响恶劣。追根溯源，这种现象反映出来的是学风上的问题，也就是理论与实际严重脱离。不读书要不得。"书呆子"现象也要不得。读书不是一件容易的事，要切实加强对马克思主义的学习，重视学习的针对性和指导性，善于用马克思主义的立场、观点、方法认识和解决遇到的问题。要充分考虑生动的实际生活和现实的确切真实，注重研究新情况，认真分析新问题，积极寻求新对策，努力做到知行合一，理论联系实际，实实在在地做事情，尽心尽力地干工作，而不是热衷于追求热闹，只摆花架不种花，只摆谱架不弹琴。

——习近平：《"书呆子"现象要不得》，《浙江日报》"之江新语"专栏，2007 年 3 月 25 日

三、掌握决策方法，善于正确决断

习近平总书记强调，决策"要深入研究、综合分析，看事情是否值得做、是否符合实际等，全面权衡，科学决断。作决策一定要开展可行性研究，多方听取意见，综合

评判，科学取舍，使决策符合实际情况"①。这就为正确决策提供了方法的指导。习近平总书记的这段话，概括说来，就是要求干部特别是年轻干部在决策中要做到"多谋善断"。

多谋，就是要通过调查研究、思考分析，善出主意，出好主意；善断，就是要善于从多谋中选择正确而满意的方案。

（一）机会要抓住，决策要及时

现代领导决策是一个"谋"与"断"分工合作的过程，先"谋"后"断"。

事实上，"作决策最重要的不是具体的准则和方法，而是在复杂的情况下权衡各种影响因素，并以最为智慧的方式做出抉择的能力。"② 也就是"善断"。

怎样才能善断？毛泽东同志的答案是："多召集几个会议商量，然后才能有断，所断便是善断。"

一般来说，"善断"有两个衡量要素：一是断得正确；二是断得及时。两者缺一不可。正如邓小平同志所说：

---

① 《习近平在中央党校（国家行政学院）中青年干部培训班开班式上发表重要讲话》，新华网，2020年10月10日。
② 李开复：《选择的智慧》，《领导文萃》2007年第9期。

"机会要抓住，决策要及时"。

面对着不同的决策方案，怎样才能断得正确？断得及时呢？干部特别是年轻干部在决策时要断得正确、断得及时，应该考量价值、能力、支持这三个要素，这也是美国哈佛大学肯尼迪政府管理学院的教授们所推崇的"三圈理论"，所谓"三圈理论"，就是决策者在决策的过程中，必须充分考虑价值、能力与支持这三个因素的相互统一。为什么这三个因素的相互统一被称为"三圈理论"？因为人们通常用三个圆圈来标示着"价值、能力与支持"，所以称之为"三圈理论"。

第一，价值。考量该决策方案的目标能否体现公共价值，是不是以公共利益作为决策方案的最重要诉求；能否体现"三个符合"，即符合中央精神，符合本地本部门实际，符合广大人民群众的愿望和要求。

第二，能力。考量决策方案的实施与执行中的约束条件，即达到决策目标的人、财、物条件是否具备。决策目标再好，如果实施与执行中的约束条件存在问题，也难能达到目标。比如1958年的"大跃进"。

1958年，毛泽东同志发动"大跃进"的初衷，是想尽快实现工业化。他一生最大的梦想，就是"把中国变成一个伟大、强盛、繁荣、高尚的社会主义、共产主义国家"①，使古老的中华民族自立于世界民族之林，让贫苦的中国人过上平等、幸福、快乐的新生活。

1958 年 8 月，毛泽东同志对赫鲁晓夫说，1949 年中国解放我是很高兴的，但是觉得中国问题还没有完全解决，因为中国很落后，很穷，一穷二白。以后对工商业的改造、抗美援朝的胜利，又愉快又不愉快。只有这次大跃进，我才完全愉快了！按照这个速度发展下去，中国人民幸福生活完全有指望了！

这段话袒露了毛泽东同志的心迹，就是想把中国的各项建设事业搞得快一些，快速改变中国贫穷落后的面貌，让中国人民过上幸福快乐的好日子。

因此，"在中国经济连续 7 年取得高速增长的情况下，毛泽东失去了冷静，轻率地发动了'大跃进'运动。"②

他试图通过发动全国人民靠日夜苦干，迅速摘掉中国贫穷落后的帽子，使中国的主要工业品超英国，赶美国。

1958 年初，毛泽东和党中央计划用 15 年左右的时间，在主要工业产品产量方面赶上和超过英国；用 20 年到 30

---

① 《毛泽东年谱（一九四九——一九七六）》第 4 卷，中央文献出版社 2013 年版，第 335 页。

② 张素华：《变局——七千人大会始末》，中国青年出版社 2006 年版，第 8 页。

年的时间赶上并且超过美国。不久，超过英国的时间由15 年缩短为 10 年，由 10 年又缩短为 7 年，再由 7 年缩短为 5 年，由 5 年又缩短为 2 至 3 年。①

评价一项"政策的好与坏、正确与错误，首先看它是否有利于生产力的发展"。② 历史证明，"大跃进"政策"虽然在某些方面取得了一定的成果，但为此而付出的代价却是巨大的"③。"大跃进"运动严重脱离我国的客观实际，违背经济社会发展规律。结果，不仅挫伤了人民群众的积极性，还给生产力造成了极大的破坏，给经济建设也带来了灾难性的损失，"是党在探索中国自己的建设社会主义道路过程中遭受的一次严重挫折"④。

第三，支持。考量决策方案所涉及的利益相关者的态度与意见。也就是利益相关者的支持度如何。所谓利益相关者，涉及三部分的人：受益者、受损者和中间人。

为什么要考量这三点？因为对价值圈的质疑能够使决

---

① 张素华：《变局——七千人大会始末》，中国青年出版社 2006 年版，第 10 页。

② 陈庆云：《公共政策概论》，中国广播电视大学出版社 2003 年版，第 14 页。

③ 中共中央党史研究室：《中国共产党历史》第二卷（1949—1978）上册，中共党史出版社 2011 年版，第 503 页。

④ 中共中央党史研究室：《中国共产党历史》第二卷（1949—1978）上册，中共党史出版社 2011 年版，第 500 页。

策目标更趋合理；对能力圈的重视能使决策者认清实现决策目标的主客观条件；对支持圈的关注能够让决策者以更加公平、公正的方式来整合不同群体的利益诉求。

（二）抉择决策方案的关键条件

在决策中，决策者有时候会遇到这样的问题，两个或更多的方案在"价值"、"能力"、"支持"上都没有问题，那如何取舍？答案是：选择决断方案，首先要从决策目标出发，也就是要看决策的方案与决策目标的贴近度如何。

当年，天津"引滦入津工程"，就是根据这一标准做出的抉择。

1981 年 5 月，中央决定密云水库要确保北京用水，今后不再为天津供水。天津市用水，要靠滦河下游的潘家口水库来解决。

潘家口水库位于河北省的迁西县境内，距离天津市区有几百华里。通过什么路线，把水引到天津？当时有两个方案。

一是南线方案：引水河道由潘家口水库出发，一直向南，经迁安县、滦县，直奔唐山，再由唐山，把水引到天津。

南线工程，于 1975 年上马，施工已有 5 个年头。如果再投入一些力量，工程可以较早完成，有利于解决天津缺水之急。并能同时兼顾天津、唐山以及河北省沿水道地区的用水问题。

二是北线方案：引水河道由潘家口水库出发，向西穿过燕山山脉的几座山到遵化县，经黎河，输入于桥水库，然后利用旧有的蓟运水道，再加新开挖的引水渠道，把水引到天津市区。

北线工程比较困难。要勘测、设计，并要打通施工难度极大的引水隧洞。再加上各种配套工程，施工的周期将会很长。

是选"南线方案"，还是选"北线方案"？天津市的决策者面临着选择。

赞成选"南线"的人认为，天津与唐山合用一个水道，可以节省投资。

主张选"北线"的人认为，"引滦入津工程"的根本目的是确保天津用水。南线方案虽然可以少建一条引水渠道，节省投资，但因为天津处于南线水道的最下游，供水问题得不到确实保障。因此，根据决策目标的要求，"引滦入津"只能选北线方案。

最后，天津市的决策者选择了北线方案。后来的事实证明，天津市选择"北线方案"是正确的。

（三）权衡利弊，避免决策陷阱

权衡利弊的根本原则是"两利相衡取其重，两害相衡取其轻"；也就是："害大取小，利中取大"。利害如何确定？主要看决策目的或决策目标的价值取向。

决策者在拍板决断时，不仅要权衡利弊得失，还要避免决策陷阱。决策有许多陷阱，但从拍板决断的角度看，主要是避免"尽善尽美"的决策陷阱。因为绝对完美的决策追求，容易使领导者在犹豫徘徊中失去发展的优势和机遇。尤其是在危机决策时，更是如此。

例如：在 2003 年 12 月 23 日中石油川东北气矿井喷事故中，川东钻探公司总工程师、应急指挥中心主任吴华，就是因为不能"权衡损益风险，决策当机立断"而被判处有期徒刑 4 年。

所以，干部特别是年轻干部在决策时，不要去追求尽善尽美的决策。而应该权衡利弊得失，去寻求正确而满意的决策。所谓正确而满意的决策，就是决策者在价值、能力与支持这三个方面寻求某种平衡的一种结果。

▎延伸阅读

在普遍真理与具体实际相结合这个问题上，

我们党过去吃过许多亏，以后就一直抓住反对主观主义这一条。反对主观主义有两个方面，即反对教条主义和反对经验主义。教条主义，就是只知道马克思列宁主义的词句，不从具体情况出发来运用，它使我国的革命遭受过失败和挫折。经验主义，就是只看到一些具体实践，只看到一国一地一时的经验，没有看到马克思列宁主义的原则。两者我们都反对。

——《邓小平文选》第1卷，人民出版社1994年版，第259—260页。

思考题

1. 决策中怎样进行科学预测？

2. 为什么说"一着不慎，满盘皆输"？

3. 怎样才能克服主观主义？

4. 怎样才能把官僚主义这个极坏的家伙抛到粪缸里去？

5. 为什么不能追求"尽善尽美"的决策？

第四章

提高改革攻坚能力，
强化改革责任担当

习近平总书记要求："年轻干部要提高改革攻坚能力。面向未来，我们要全面推进党和国家各项工作，尤其是贯彻新发展理念、推动高质量发展、构建新发展格局，继续走在时代前列，仍然要以全面深化改革添动力、求突破。"①

一、培养改革攻坚的政治勇气

2014年1月22日，在中共中央全面深化改革领导小组第一次会议上，习近平总书记强调："要强化改革责任

---

① 《习近平在中央党校（国家行政学院）中青年干部培训班开班式上发表重要讲话》，新华网，2020年10月10日。

担当，看准了的事情，就要拿出政治勇气来，坚定不移干。"2020 年 10 月 10 日他在中央党校（国家行政学院）中青年干部培训班开班式上发表的重要讲话中又强调，改革必须有勇气和决心，保持越是艰险越向前的刚健勇毅。要把干事热情和科学精神结合起来，使出台的各项改革举措符合客观规律、符合工作需要、符合群众利益。①

（一）培养浩然正气

正气，是指正大光明、公正无私的作风或风气；正直坦荡、刚正不阿的气节；坚持真理、坚持正义的精神品质。

浩然正气是一种崇高的精神境界，是一种惊天地、泣鬼神的品格和节操。

历史经验告诉我们，具有浩然正气的人和群体，呈现的是勃勃的生机；而那些为邪气所缠绕的人和群体，显现的则是日薄西山的衰落。因此，中华民族自古以来就有重视浩然正气养成的深厚传统。

在我国，最早提出浩然正气的是两千多年前的孟子。孟子认为，浩然正气是最伟大，最刚强的。一个人如果有

---

① 《习近平在中央党校（国家行政学院）中青年干部培训班开班式上发表重要讲话》，新华网，2020 年 10 月 10 日。

了"至大至刚"的浩然正气，就可以立于天地之间而无所愧作，无所畏惧。而浩然正气的养成不是偶然获得的，是长期培养的结果，并且不能有丝毫的懈怠与疏忽。即使是一次不良的行为，也会使浩然正气丧失殆尽。

孟子还认为，对于一个人来说，浩然正气的主要表现就是："富贵不能淫，贫贱不能移，威武不能屈"。意思是说，富贵不能使他的心惑乱，贫困不能使他的节操改变，威武不能使他的意志屈服。

浩然正气就是政治勇气的重要组成部分。因此，干部特别是年轻干部培养政治勇气，首先要培养浩然正气。

（二）培养奉献精神

培养政治勇气，还需要培养奉献精神。这里讲的奉献精神，是为全面深化改革心甘情愿地付出，而不求任何回报。干部特别是年轻干部的价值观应该以"奉献"和"利他"为原则，以全心全意为人民服务为核心。

2014 年 10 月 15 日习近平总书记在文艺工作座谈会上发表了重要讲话。他在讲话中指出："改革开放以来，我国经济发展很快，人民生活水平提高也很快。同时，我国社会正处在思想大活跃、观念大碰撞、文化大交融的时代，出现了不少问题。其中比较突出的一个问题就是一些人价值观缺失，观念没有善恶，行为没有底线，什么违反党纪国法的事情都敢干，什么缺德的勾当都敢做，没有国家观念、集体观念、家庭观念，不讲对错，不问是非，不知美丑，不辨香臭，浑浑噩噩，穷奢极欲。现在社会上出现的种种问题病根都在这里。"①

习近平总书记的这段话揭示了价值观缺失、价值观错位的危害性。

干部特别是年轻干部要树立"奉献"的价值观，"青年的价值取向决定了未来整个社会的价值取向，而青年又处在价值观形成和确立的时期，抓好这一时期的价值观养成十分重要。这就像穿衣服扣扣子一样，如果第一粒扣子扣错了，剩余的扣子都会扣错。人生的扣子从一开始就要扣好。'凿井者，起于三寸之坎，以就万仞之深。'"②

林则徐说过："海纳百川，有容乃大；壁立千仞，无欲则刚。"既然能够"心甘情愿地付出，而不求任何回报"，即"无欲"，自然会生出政治勇气来。

---

① 习近平：《在文艺工作座谈会上的讲话》，新华网，2015 年 10 月 14 日。
② 习近平：《青年要自觉践行社会主义核心价值观——在北京大学师生座谈会上的讲话》，人民出版社 2014 年版，第 9 页。

（三）培养革命气节

干部特别是年轻干部培养政治勇气，还必须培养革命气节。在重大原则问题上能表现出政治上、道德上的坚定性，能挺直共产党人的精神脊梁。

有了这种革命气节，在改革攻坚中，就能坚持党对改革攻坚工作的领导不动摇；就能坚定"四个自信"不动摇；就能坚定走中国特色社会主义道路不动摇。"在中国这样一个有着 5000 多年文明史、13 亿多人口的大国推进改革发展，没有可以奉为金科玉律的教科书，也没有可以对中国人民颐指气使的教师爷。鲁迅先生说过：'什么是路？就是从没路的地方践踏出来的，从只有荆棘的地方开辟出来的。'中国特色社会主义道路是当代中国大踏步赶上时代、引领时代发展的康庄大道，必须毫不动摇走下去。"①

改革攻坚是一场深刻的社会革命，必须坚持正确的方向，沿着正确的道路推进。在方向问题上，干部特别是年轻干部必须头脑清醒。改革攻坚的方向就是不断推动社会主义制度自我完善和发展，而不是对社会主义制度改弦易张。

---

① 习近平：《在庆祝改革开放 40 周年大会上的讲话》，人民出版社 2018 年版，第 27—28 页。

▌延伸阅读

前进的步子要稳

陈云作为党和国家的老一辈领导人，以其一贯稳健踏实的作风，为改革能够沿着正确的道路推进作出了重要贡献。

找准了问题，也找到了解决问题的办法，怎样保证改革的成效，或者说怎样使改革成效最大化？陈云的观点是，改革的步子要稳，按比例发展才是最快的发展。"稳"，是最能体现陈云思想特点的一条改革方法论。

1979 年，陈云在给中央的关于财经工作的信中提出，"前进的步子要稳。不要再折腾，必须避免反复和出现大的'马鞍形'"。陈云认为，"我们要改革，但是步子要稳。因为我们的改革，问题复杂，不能要求过急""开始时步子要小，缓缓而行"。

改革初期，在工业引进项目问题上，陈云认为要循序而进，不能窝工。他分析，我们的起点是三千万吨钢，但是，不能光看钢铁这个指标。我们同日、德、英、法不同，工业基础不如他们，技术力量不如他们；我们也不能同韩国、台湾地区比，他们是美国有意扶植的，而且主要是搞加工工业，我们是要建设现代化的工业体系。因此，我们"要循序而进，不要一拥而上。一拥而上，看起来好像快，实际上欲速则不达。"1985 年 9 月，在党的全国代表大会上，他提出，经济体制改革，是为了发展生产力，逐步改善人民的生活。城市的经济体制改革，总方向是正确的，具体的步骤措施，正在探索中。要走一步看一步，随时总结经验，坚持把改革搞好。

陈云的这一改革方法论实际上体现的是一种渐进式改革的思想。中国改革的成功，很大程度上在于我们在党的领导下正确地选了一条具有中国特色的渐进式改革道路。

——邱霞：《陈云："前进的步子要稳"》，《北京日报》，2018 年 10 月 22 日。

二、坚持创新思维，跟着问题走、奔着问题去

2014 年 2 月 7 日习近平总书记在索契接受俄罗斯电视台专访时说："在中国这样一个拥有 13 亿多人口的国家深化改革，绝非易事。中国改革经过 30 多年，已进入深水区，可以说，容易的、皆大欢喜的改革已经完成了，好吃的肉都吃掉了，剩下的都是难啃的硬骨头。"①

的确，原来的改革是增量改革。现在是从增量改革走向存量改革，必然会触动一些人的既得利益。这显而易见是难啃的硬骨头。面对难啃的硬骨头，怎么办？习近平总书记给出的策略是："改革攻坚要有正确方法，坚持创新思维，跟着问题走、奔着问题去，准确识变、科学应变、主动求变，在把握规律的基础上实现变革创新。"②

习近平总书记的这段话为把握改革攻坚的正确方法提供了重要的路径。简言之，就是要创新。

（一）创新才能顺应时代发展的大势

古人云："天下之治，有因有革，期于趋时适治罢

---

① 《习近平谈治国理政》，外文出版社 2014 年版，第 101 页。
② 《习近平在中央党校（国家行政学院）中青年干部培训班开班式上发表重要讲话》，新华网，2020 年 10 月 10 日。

了。"(《宋史·卷三三四·徐禧传》) 这段话的意思是说，治理天下的方法，有继承有变革，但都是为了能合乎时代需要，到达治理的目标而已。

承前启后、继往开来，全面建设社会主义现代化国家，需要干部特别是年轻干部具有创新思维。

邓小平同志曾经说过："没有一点闯的精神，没有一点'冒'的精神，没有一股气呀、劲呀，就走不出一条好路，走不出一条新路，就干不出新的事业。"

习近平总书记指出："生活从不眷顾因循守旧、满足现状者，而是将更多机遇留给善于和勇于创新的人们。"

《韩非子·五蠹》中有言："世异则事异"、"事异则备变"，这两句话的意思是说，时代不同了，社会上的事情也就不一样了；社会上的事情不同了，治理的政治措施就要跟着改变。该书还比喻说："如欲以宽缓之政治急世之民，犹无辔策而御悍马，此不知之患也。"这一比喻是说，如果想用儒家所提倡的宽松和缓的整治措施去治理在急剧变动时代的民众，就好像没有缰绳和马鞭去驾驭凶悍的马一样，这是不明智所造成的过错。

当今的世界，正处于百年未有之大变局。世界经济重心在变，世界政治格局在变，全球治理角色在变，科技与产业在变，而且新冠肺炎疫情对我国经济和世界经济产生巨大冲击。这种种变局和巨大冲击，既是机遇也是挑战。

不管是机遇还是挑战，都需要干部特别是年轻干部具有勇于创新的精神，才能顺应时代之大变局。

创新是一个民族进步的灵魂，是一个国家兴旺发达的不竭动力，也是中华民族最深沉的民族禀赋。在激烈的国际竞争中，惟创新者进，惟创新者强，惟创新者胜。

（二）创新要有问题意识，基于问题导向

中国共产党领导人民干革命、搞建设、抓改革，从来都是为了解决中国的实际问题。问题是矛盾的一种表现形式。各级干部要创新，必须坚持问题导向，敢于质疑，不掩饰矛盾，不回避矛盾，勇于面对工作中所遇到的各种问题，用创新的思路解决实际问题。

"学起于思，思源于疑"。只有疑问，才能激发探究的欲望，才能创新。在西方哲学史上，记载着这样一则故事：

一天，罗素问大哲学家穆尔："谁是你最好的学生？"穆尔毫不犹豫地回答："维特根斯坦。""为什么？""因为，在我所有的学生当中，只有他一个人在听课时总是流露出迷茫的神色，老是有一大堆问题问我。"

后来，维特根斯坦的名气超过了罗素。于是，有人问

维特根斯坦："罗素为什么落伍了？"维特根斯坦回答道："因为他没有问题了。"

古人认为："大疑则大悟，小疑则小悟，不疑则不悟。"不善于质疑，只是一味地相信，"凡是书本上写的便是正确的，凡是前人说的便是真理，迷信书本，崇拜前人，不敢越雷池一步"，这样的人，自然不会有什么创新的意识。

（三）创新要摆脱"路径依赖"

所谓"路径依赖"，是指人们一旦选择并进入了某一路径，就会像火车开动一样，惯性的力量就会驱使他们对这一路径产生依赖。

从某种意义上讲，人们的一切选择都会受到路径依赖的影响。人们过去做出的选择，决定了他们现在的选择；人们现在做出的选择，决定了他们未来的选择。

著名的"马屁股规则"，就为上述的观点做了非常形象的注解。

在美国犹他州的航天飞机推进器生产厂里，员工们都知道，每个推进器的直径宽度不得大于 4.85 英尺（1.47828 米）。

为什么推进器的直径宽度不得大于 4.85 英尺呢？这

是马屁股的宽度所决定的。

马屁股的宽度怎么能决定高、精、端的航天飞机推进器的直径宽度呢？

原来美国铁路两条铁轨之间的标准距离是 4.85 英尺，而在运送推进器时，火车可能要经过许多的隧道，但那些隧道的宽度仅比路轨宽一点点，超过 4.85 英尺，火车就可能无法运送推进器。

为什么美国铁轨的标准距离是 4.85 英尺呢？因为美国最早的铁路是由英国人设计的。

那么，英国设计师为什么选用 4.85 英尺作为两条铁轨之间的标准距离呢？因为这是英国电车轨道的标准距离；但电车车轨的标准距离又是依据什么确定的呢？答案是依据马车的轮距来确定的，因为最早设计轨道的设计师是造马车的。

那么英国马车的轮距为什么是 4.85 英尺呢？因为超过 4.85 英尺，马车将无法在英国的老路上行驶，老路上的辙迹宽度是罗马人定的，因为罗马人战车的宽度是 4.85 英尺。

但罗马人为什么将战车的宽度定为 4.85 英尺呢？答案让人哑然失笑，因为这是拉战车的两匹并排战马合起来的马屁股宽度。

从航天飞机推进器，到两匹马的马屁股，这本是风马牛不相及的事情。但路径依赖，却一步一步使马屁股的宽度决定了航天飞机推进器的直径的宽度。①

人们在社会中生活，都会在不知不觉中形成"路径依赖"。这种路径依赖一旦形成，"罗马人马屁股的宽度就将决定着航天飞机推进器的直径宽度"，最终使自己画地为牢。

干部特别是年轻干部要创新，必须摆脱"路径依赖"，从惯性思维中抽身而出。否则，你的前进轨道可能就只有4.85英尺宽。一个前进轨道只有4.85英尺宽的干部是不可能攻坚克难，解决深化改革难题的。

▌ 延伸阅读

越是伟大的事业，往往越是充满艰难险阻，越是需要开拓创新。中国特色社会主义是前无古人的伟大事业，改革开放和社会主义现代化建设还有很长的路要走。在前进道路上，我们将进行许多具有新的历史特点的伟大斗争。我们要学习

---

① 资料来源：逍遥梓 BLOG，《马屁股规则》，新浪网，2006 年 10 月 14 日。

邓小平同志敢于开拓创新的政治勇气，细心观察新的实践和新的发展，尊重地方、基层、群众首创精神，果断作出决策，把开拓创新作为一种常态，不断用发展着的马克思主义指导新的实践，又从实践中作出新的理论概括，敢破敢立、敢闯敢试，义无反顾把改革开放不断向前推进。

——习近平：《在纪念邓小平同志诞辰 110 周年座谈会上的讲话》，《人民日报》2014 年 8 月 21 日。

三、尊重群众的首创精神

"要尊重群众首创精神，把加强顶层设计和坚持问计于民统一起来，从生动鲜活的基层实践中汲取智慧。"① 习近平总书记的这段话为干部特别是年轻干部提高改革攻坚能力提供了具体的路径。

① 《习近平在中央党校（国家行政学院）中青年干部培训班开班式上发表重要讲话》，新华网，2020 年 10 月 10 日。

（一）人民群众是创造世界历史的动力

"改革开放是亿万人民自己的事业，必须坚持尊重人民首创精神。"这是习近平总书记 2012 年 12 月在十八届中央政治局第二次集体学习时所强调的。

"真正的铜墙铁壁是什么？是群众，是千百万真心实意地拥护革命的群众。这是真正的铜墙铁壁，什么力量也打不破的，完全打不破的。"① 这是毛泽东同志的著名论断。

革命战争时期，中国共产党依靠人民群众的支持，取得了革命战争的胜利。

改革开放四十多年来，中国共产党依靠人民群众的支持、参与，大胆地试、勇敢地改，干出了一片新天地。从家庭联产承包到乡镇企业异军突起；从"引进来"到"走出去"；"从传统的计划经济体制到前无古人的社会主义市场经济体制再到使市场在资源配置中起决定性作用和更好发挥政府作用"②，改革开放每一个方面成就的取得，哪一方面经验的创造和积累，无不来自亿万人民的实践和智慧。

---

① 《毛泽东选集》第 1 卷，人民出版社 1991 年版，第 139 页。
② 习近平：《在庆祝改革开放 40 周年大会上的讲话》，新华网，2018 年 12 月 18 日。

如今，改革进入攻坚阶段，要实现"十四五"规划和 2035 年远景目标，干部特别是年轻干部依然要尊重人民群众的首创精神，在党的全面领导下，充分调动一切积极因素，广泛团结一切可以团结的力量，形成推动发展的强大合力，夺取全面建设社会主义现代化国家的新胜利。

（二）把加强顶层设计和坚持问计于民统一起来

改革攻坚的各项方针、政策、办法的制定，都离不开顶层设计。而顶层设计，必须坚持实事求是的原则，一切从客观实际出发。

实事求是，是顶层设计改革攻坚方针、政策、办法的首要原则。只有坚持实事求是，一切从客观实际出发，尊重客观事实及其规律，才能设计出科学、合理的改革攻坚的方针、政策、办法来。正如毛泽东同志所告诫的："我们是马克思主义者，马克思主义叫我们看问题不要从抽象的定义出发，而要从客观存在的事实出发，从分析这些事实中找出方针、政策、办法来。"①

这就要求干部特别是年轻干部在设计改革攻坚的各项

---

① 《毛泽东选集》第 3 卷，人民出版社 1991 年版，第 853 页。

方针、政策和办法时，把加强顶层设计和坚持问计于民统一起来。

2020 年 10 月 29 日，中国共产党第十九届中央委员会第五次全体会议审议通过的《中共中央关于制定国民经济和社会发展第十四个五年规划和二〇三五年远景目标的建议》，就是"加强顶层设计和坚持问计于民统一起来"的成果。它是在以习近平同志为核心的党中央领导下、汇聚全党全国智慧编制而成的行动纲领和政治宣言。

"2019 年 10 月党的十九届四中全会后，习近平总书记就开始关于党的十九届五中全会部署全面建设社会主义现代化国家的思考，并开展了一系列调查研究，就相关重大问题作出了一系列重要指示批示，要求有关部门及时研判、及早研究。"①

文件起草组成员，从 4 月中旬开始，"专题研究习近平总书记在文件起草组第一次全体会议上所提的 38 个重大问题；深入研读中央财办、国家发展改革委组织有关部门、智库研究形成的 200 余份'十四五'规划前期重大课题研究报告；统筹吸收各地区各部门向中央提交的 109 份

---

① 赵承、霍小光等：《历史交汇点上的宏伟蓝图——〈中共中央关于制定国民经济和社会发展第十四个五年规划和二〇三五年远景目标的建议〉诞生记》，《人民日报》2020 年 11 月 5 日。

关于'十四五'规划的意见和建议。"①

　　"沉甸甸的'十四五'规划建议，正是在习近平总书记亲自谋划主持下，在一次次深入调研、广集民智中找到破题的关键，在一场场座谈交流中凝聚奋进的共识。

　　"习近平总书记多次强调，要鼓励广大人民群众和社会各界以各种方式为'十四五'规划建言献策，切实把社会期盼、群众智慧、专家意见、基层经验充分吸收到'十四五'规划编制中来，齐心协力把'十四五'规划编制好。

　　"8月16日一大早，人民日报、新华社、中央广播电视总台所属官网、新闻客户端及'学习强国'学习平台同步推出了新专栏——建言'十四五'。

　　"通过互联网就'十四五'规划编制向全社会征求意见和建议，这在我国五年计划和规划编制史上是第一次。基层百姓的所思所想、所期所盼，得以直通中南海。

　　"开门问策、集思广益，亿万网友的议政热情被充分点燃。短短两周时间里，累计收到超过101.8万条建言，其中对民生保障、社会治理、经济发展、生态环境、党的建设、乡村振兴等方面的意见建议最为集中，为文件起草

---

① 赵承、霍小光等：《历史交汇点上的宏伟蓝图——〈中共中央关于制定国民经济和社会发展第十四个五年规划和二〇三五年远景目标的建议〉诞生记》，《人民日报》2020年11月5日。

工作提供了有益参考。

"网上意见征求活动告一段落后，习近平总书记专门作出重要指示强调，针对人民群众所提建设性意见，'有关部门要及时梳理分析、认真吸收'，'要总结这次活动的经验和做法，在今后工作中更好发挥互联网在倾听人民呼声、汇聚人民智慧方面的作用，更好集思广益、凝心聚力'。

"8 月中旬，'十四五'规划建议稿向全国各地区各部门各单位党委、党组征求意见。共收到 108 个单位和 10 份党外人士书面材料反馈，总共提出修改意见 2181 条。收到从中央领导职务退下来的老同志等方面反馈意见 58 份。

"在认真研究、逐条斟酌基础上，起草组对全会文件稿初步增写、改写、精简文字共计 366 处，覆盖各方面意见建议 546 条，反馈意见的吸收率达 21.88%。

"'从习近平总书记亲自主持召开多场座谈会到启动网络意见征求活动，从党内一定范围征求意见到听取党外人士意见建议，这次五年规划建议征求意见范围之广、参与人数之多、形式之多样堪称前所未有。'一位曾多次参与中央重要文件起草工作的起草组成员说。"①

---

① 赵承、霍小光等：《历史交汇点上的宏伟蓝图——〈中共中央关于制定国民经济和社会发展第十四个五年规划和二〇三五年远景目标的建议〉诞生记》，《人民日报》2020 年 11 月 5 日。

这是把加强顶层设计和坚持问计于民统一起来的最好实践，也是一个经典的案例。

正因为如此，第十四个五年规划和 2035 年远景目标的建议一经发出，就好评如潮。

（三）从生动鲜活的基层实践中汲取智慧

群众的基层实践是推动改革攻坚的智慧和力量之源。基层实践中蕴藏着丰富的改革攻坚智慧，干部特别是年轻干部要善于深入群众、深入基层，从基层实践中汲取这些智慧。

从某种意义上讲，中国农村改革，就是由安徽凤阳县梨园公社小岗村唤醒，并汲取了他们的"大包干"的经验。

在小岗村的大包干纪念馆里，有这样一句引人注目的话："大包干，大包干，直来直来不拐弯；保证国家的，留足集体的，剩下都是自己的。"

1978 年冬，小岗村 18 位农民以"托孤"的方式，冒险在土地承包责任书上按下鲜红手印，实施了"大包干"。

小岗村的改革，推动了家庭联产承包责任制在全国农村的推广，成了中国农村改革的先声。

干部特别是年轻干部从基层实践中汲取智慧，必须深入基层。因为基层实践中的智慧，文件上是难能看到的，会场中是难能听到的，办公室里是难能想到的，只有深入基层，才能在与基层群众零距离的接触中收获最为真实的智慧。

干部特别是年轻干部从基层实践中汲取智慧，必须深入实际进行调查研究，不唯上，只唯实。坚持实事求是的原则，就要了解客观实际情况。而了解客观实际情况，是离不开深入实际调查研究的。有些政策、措施缺乏合理性、科学性，主要源于匆忙制定，没有深入调查研究实际情况。

深入实际进行调查研究，必须坚持走群众路线，深入基层、深入实际、深入群众，广泛了解群众的诉求，广泛征求改革受益者、改革受损者及其相关者的意见，做到"耳聪目明、心中有数"。这样制定出来的改革攻坚政策、措施和办法，才能符合客观实际情况、符合客观实际发展规律。

▌ 延伸阅读

中央决定用党的十八届三中全会这个有利契机就全面深化改革进行部署，是一个战略抉择。我们要抓住这个机遇，努力在全面深化改革上取得新突破。要有新突破，就必须进一步解放思想。

冲破思想观念的障碍、突破利益固化的藩篱，解放思想是首要的。在深化改革问题上，一些思想观念障碍往往不是来自体制外而是来自体制内。思想不解放，我们就很难看清各种利益固化的症结所在，很难找准突破的方向和着力点，很难拿出创造性的改革举措。因此，一定要有自我革新的勇气和胸怀，跳出条条框框限制，克服部门利益掣肘，以积极主动精神研究和提出改革举措。

提出改革举措当然要慎重，要反复研究、反复论证，但也不能因此就谨小慎微、裹足不前，什么也不敢干、不敢试。搞改革，现有的工作格局和体制运行不可能一点都不打破，不可能都是四平八稳、没有任何风险。只要经过了充分论证和评估，只要是符合实际、必须做的，该干的还是要大胆干。

——《习近平谈治国理政》，外文出版社 2014 年版，第 87—88 页。

思 考 题

1. 干部特别是年轻干部怎样培养改革攻坚的政治勇气？

2. 改革攻坚，为什么前进的步子要稳？

3. 创新为什么要有问题意识，基于问题导向？

4. 干部特别是年轻干部如何摆脱"路径依赖"？

5. 为什么要尊重人民群众的首创精神？

6. 干部特别是年轻干部应该怎样从基层实践中汲取智慧？

7. 改革攻坚中怎样才能冲破思想观念的障碍？

|第五章|
提高应急处突能力，防范化解各种风险

所谓应急处突，就是应对紧急事件和处理突发事件。习近平总书记强调，"年轻干部要提高应急处突能力"①。

在新的历史发展阶段，国际形势波谲云诡，周边环境复杂敏感，改革任务艰巨繁重，干部特别是年轻干部既要有防范急突事件的先手，也要有应对急突事件的高招；既要打好防范和抵御急突事件的有准备之战，也要打好化险为夷、转危为机的战略主动仗。

---

① 《习近平在中央党校（国家行政学院）中青年干部培训班开班式上发表重要讲话》，新华网，2020 年 10 月 10 日。

一、增强风险意识，打好主动仗

"预判风险是防范风险的前提，把握风险走向是谋求战略主动的关键。要增强风险意识，下好先手棋、打好主动仗，做好随时应对各种风险挑战的准备。"① 这是习近平总书记对干部、特别是年轻干部的提醒。干部特别是年轻干部要居安思危，做好预防风险、防范风险的准备，有备才能无患。

（一）预防是处理急突危机的最好方法

1986 年，德国社会学家贝克就郑重地告诫世人：我们已经进入了一个"风险社会"。事实也的确是如此。随着经济全球化和科学技术的迅猛发展，社会的不确定性和不可预测性日益增多。就我国而言，正处在高速发展、急剧变迁的新时代，新情况不断涌现，新矛盾不断产生。稍不留意，潜在的风险就会变成现实的威胁。风险是具有不确定性的，尽管具有不确定性，但干部特别是年轻干部如果能"未雨绸缪"，"防患于未然"，在风险未发生之前，就将产生风险的土壤及时铲除，便能有效地预防和避免风险

---

① 《习近平在中央党校（国家行政学院）中青年干部培训班开班式上发表重要讲话》，新华网，2020 年 10 月 10 日。

的出现。正如英国危机管理专家迈克尔·里杰斯特所说："预防是解决危机的最好方法。"

伊索在他的寓言里，曾经讲过这样一则故事：一头野猪正对着树干磨它的獠牙。

一只狐狸来到它的身边，问它："你为什么不躺下来休息呢？现在又没有猎人和猎狗。"

野猪回答说："如果等到猎人和猎狗出现时，我再来磨牙，就来不及啦！"

古人云："生于忧患，死于安乐。"常备不懈的忧患意识是使组织立于不败之地的基础。

干部特别是年轻干部应该清醒地认识到，任何时候都可能发生风险，风险对于组织的命运生死攸关，必须警钟长鸣。

"备豫不虞，为国常道。"事先防备意外之事，是治理国家的常道。干部特别是年轻干部在日常工作中时刻注意急突事件的发生，才会临危不乱，化危机为契机。

我国抗击新冠肺炎疫情取得重大战略成果，为干部特别是年轻干部有效掌控局势化危机为契机，提供了一个经典的样本。

2020 年我国遭遇了新冠肺炎疫情，在疫情发生后的 8 个多月时间里，"我们党团结带领全国各族人民，进行了一场惊心动魄的抗疫大战，经受了一场艰苦卓绝的历史大考，付出巨大努力，取得抗击新冠肺炎疫情斗争重大战略成果，创造了人类同疾病斗争史上又一个英勇壮举！"①

新冠肺炎疫情是世界百年来发生的最严重的传染病大流行，是新中国成立以来我国遭遇的传播速度最快、感染范围最广、防控难度最大的重大突发公共卫生事件。突袭而至的病毒，来势汹汹的疫情，严重地威胁着人民群众的生命安全和身体健康。

面对突如其来的严重疫情，以习近平同志为核心的党中央统揽全局、果断决策，以非常之举应对非常之事。"迅速打响疫情防控的人民战争、总体战、阻击战，用1个多月的时间初步遏制疫情蔓延势头，用2个月左右的时间将本土每日新增病例控制在个位数以内，用3个月左右的时间取得武汉保卫战、湖北保卫战的决定性成果，进而又接连打了几场局部地区聚集性疫情歼灭战，夺取了全国抗疫斗争重大战略成果。"②

在此基础上，党中央又带领全国各族人民统筹推进疫

① 习近平：《在全国抗击新冠肺炎疫情表彰大会上的讲话》，人民出版社2020年版，第1页。

② 习近平：《在全国抗击新冠肺炎疫情表彰大会上的讲话》，人民出版社2020年版，第3—4页。

情防控和经济社会的发展工作，抓紧恢复生产生活秩序，并取得了显著的成效。

（二）善于用"显微镜"去"捕风捉影"

干部特别是年轻干部要打好处理急突风险的主动仗，必须提升明察秋毫识别风险的本领，能根据急突事件风险潜伏期的各种征兆，或根据急突事件风险出现的蛛丝马迹，辨识出急突事件风险是否将要出现，或者已经出现。

干部特别是年轻干部要提升明察秋毫识别风险的本领，就要练就"千里眼"的功夫和"顺风耳"的本事，能明察显性的先兆和隐性的异常，见一叶而知秋，见一斑而窥全豹，善于用"显微镜"去"捕风捉影"。

（三）保持清醒头脑，强化底线思维

《礼记·中庸》有云："凡事预则立，不预则废。"这个"预"就是有备无患、遇事不慌。这是古人对底线思维高度凝练的概括。

在新的历史时代，习近平总书记反复强调："要善于运用底线思维的方法，凡事从坏处准备，努力争取最好的结果，做到有备无患、遇事不慌，牢牢把握主动权。"他还告诫我们"必须保持清醒头脑、强化底线思维，有效防范、管理、处理国家安全风险，有力应对、处置、化解社会安定挑战。"①

树立底线思维，就是要坚持"两点论"。遇到急突风险，既要看到不利的一面，又要看到有利的一面；要从全局和战略高度，深入分析世情、国情，紧紧抓住重要战略机遇期，及时防范化解各种风险，坚定信心，迎接挑战，争取有更大作为。

底线思维的实质是一种科学的思维方法。掌握这种思维方法就能做到认真评估急突事件的风险，估算可能出现的最坏情况，从而处变不惊、守住最后防线。习近平总书记强调指出："防范化解重大风险，是各级党委、政府和领导干部的政治职责，大家要坚持守土有责、守土尽责，把防范化解重大风险工作做实做细做好。……要提高风险化解能力，透过复杂现象把握本质，抓住要害、找准原因，果断决策，善于引导群众、组织群众，善于整合各方力量、科学排兵布阵，有效予以处理。"②

干部特别是年轻干部要深入学习贯彻习近平总书记的这一要求，紧密联系外部环境深刻变化和国内改革发展稳定面临的新情况新问题新挑战，提高政治站位，强化政治

---

① 《习近平谈治国理政》，外文出版社 2014 年版，第 202 页。
② 《习近平谈治国理政》第 3 卷，外文出版社 2020 年版，第 223 页。

意识，充分认识防范化解重大风险的重要性和紧迫性，坚定信心，敢于担当，负起责任，切实做好防范化解重大风险的各项工作。

▌延伸阅读

统筹发展和安全，增强忧患意识，做到居安思危，是我们党治国理政的一个重大原则。必须坚持国家利益至上，以人民安全为宗旨，以政治安全为根本，统筹外部安全和内部安全、国土安全和国民安全、传统安全和非传统安全、自身安全和共同安全，完善国家安全制度体系，加强国家安全能力建设，坚决维护国家主权、安全、发展利益。

——习近平：《决胜全面建成小康社会　夺取新时代中国特色社会主义伟大胜利——在中国共产党第十九次全国代表大会上的报告》（2017 年 10 月 18 日），新华网，2017 年 10 月 27 日。

二、提高应急处突的见识和胆识

习近平总书记要求干部特别是年轻干部，"要努力成为所在工作领域的行家里手，不断提高应急处突的见识和胆识，对可能发生的各种风险挑战，要做到心中有数、分类施策、精准拆弹，有效掌控局势、化解危机。"① 提高应急处突的见识和胆识，是有效提高应急处突能力、化解应急处突风险危机的基础条件。

（一）在提高应急处突的见识上下功夫

一个人有知识，不一定有见识。林语堂先生就说过，博学的人不一定有见识。他认为，一个人不仅应当有一定的知识，更重要的是要具备对知识的"鉴赏力"。他还举例说，世界上有一些人，心里塞满历史上的日期和人物，对俄国或捷克时事极为熟识，可是他们的态度或观点是完全错误的。

林语堂所说的对知识的"鉴赏力"，就是"见识"。见识，是能明智地、正确地、独立地作出判断及认识的本领，属于智慧的范畴。

---

① 《习近平在中央党校（国家行政学院）中青年干部培训班开班式上发表重要讲话》，新华网，2020年10月10日。

一般说来，一个人见识的提高，需要多方面的历练，应急处突的见识也不例外。干部特别是年轻干部要提高应急处突的见识，需要在以下几个方面下足功夫：

第一，加强理论学习。虽然说，一个人有知识，不一定有见识，但一个有见识的人，必定是应该有知识。因此，干部特别是年轻干部要提高应急处突的见识，必须认真学习领会习近平总书记关于总体国家安全观、防范风险挑战、应对突发事件、防灾减灾救灾等方面的重要论述；必须认真学习应急管理专业方面的知识，用专业的知识装备自己，才能用专业的手段应对具有爆发的突发性、蔓延的迅猛性、变化的无序性、损失的严重性、影响的敏感性和决策的时效性等特征的急突事件。

第二，注重实践磨炼。毛泽东同志指出："你要知道梨子的滋味，你就得变革梨子，亲口吃一吃。你要知道原子的组织同性质，你就得实行物理学和化学的实验，变革原子的情况。你要知道革命的理论和方法，你就得参加革命。一切真知都是从直接经验发源的。"[①]

毛泽东同志还指出："中国人有一句老话：'不入虎穴，焉得虎子。'这句话对于人们的实践是真理，对于认识论

———————
① 《毛泽东选集》第 1 卷，人民出版社 1991 年版，第 287—288 页。

也是真理。离开实践的认识是不可能的。"① 干部特别是年轻干部要善于在战争中学习战争，在游泳中学会游泳。

第三，善于倾听不同的意见。干部特别是年轻干部提高应急处突的见识，还要善于倾听别人的不同意见，甚至是反对自己的意见。即使是平安无事的日子，也要听听卡桑德拉们的耸听危言。

卡桑德拉，是古希腊神话中的一个人物。她是特洛伊城的一位公主。她曾经预言特洛伊城会被希腊灭掉，并劝特洛伊人采取对策。但是，没有人把她的话当作一回事，却把她当成了疯子。

结果很不幸，特洛伊城被希腊攻陷了。

后来，卡桑德拉信息被用来指内容太惊人，而导致决策者不能充分理解，并作出正确判断的信息。

2005 年的夏天，美国新奥尔良遭受的灭顶之灾，就是由于各个方面的决策者未能注意并重视卡桑德拉信息，从而没有及时作出决策的结果。

早在 2002 年，新奥尔良市主要报纸《皮卡尤恩时报》就曾经做过长篇分析报道，描绘了新奥尔良市受到 5 级大台风袭击时可能遭受的灭顶之灾。记者麦奎德说："我们

---

① 《毛泽东选集》第 1 卷，人民出版社 1991 年版，第 288 页。

发表了系列文章，在整个小镇及整个州宣传这个问题，居住在新奥尔良的大多数人都意识到了这是个危险。"然而，大多数人只是"祈祷并且希望这是个相当遥远的危险"。各级决策者都没有给予这个信息以足够的重视。

于是，2005 年 9 月，这一灭顶之灾几乎一字不漏地按照记者的预测上演。据美国国土安全部长在此次灾后的新闻记者会上称，5 级台风发生的可能性只有 0.5%，所以就只建了能够抵御 3 级台风的堤坝。

说到如果能重视卡桑德拉信息，我们看看唐山青龙县的案例。1976 年 7 月 28 日凌晨 3 点 42 分，河北省唐山市发生 7.8 级地震，灾后统计超过 24 万人丧生。与之形成鲜明对比的是，距离唐山 115 公里拥有 40 万人的青龙县，直接死于地震灾害的只有 1 人。青龙县在震中损坏房屋 18 万间，其中倒塌 7300 多间。

唐山青龙县为什么能创造这一奇迹？答案就是他们的地震预防。

"宁可信其有，不可信其无。如果真的地震了，对群众交代不了！"县委常委马刚在 2006 年对媒体回忆说。

唐山青龙县为什么能在大震中幸存？一个重要的原因就是青龙县的决策者们面对卡桑德拉信息，本着对群众负责的态度做好预防工作。

起了火必须救，需要救火的"高人"，但这还称不上真正的高人，真正的高人是防止火灾的发生。

这就需要干部特别是年轻干部未雨绸缪，即使是在盛世之日，也要听听卡桑德拉们的耸听危言，防患于未然。

（二）在提高应急处突的胆识上下力气

胆识，是指处变不惊、不畏艰难的胆量和勇气。它是干部特别是年轻干部必备的素质。急突事件的复杂性、破坏性特征，对干部特别是年轻干部的胆识提出了进一步的要求。

干部特别是年轻干部在提高应急处突的胆识上下力气，需要培养充沛顽强的斗争精神。习近平总书记指出："防范化解重大风险，需要有充沛顽强的斗争精神。领导干部要敢于担当、敢于斗争，保持斗争精神、增强斗争本领，年轻干部要到重大斗争中去真刀真枪干。各级领导班子和领导干部要加强斗争历练，增强斗争本领，永葆斗争精神，以'踏平坎坷成大道，斗罢艰险又出发'的顽强意志，应对好每一场重大风险挑战，切实把改革发展稳定各项工作做实做好。"①

①　《习近平谈治国理政》第3卷，外文出版社2020年版，第223页。

社会的发展、改革的深入、利益的再调整，使得社会出现许多深层次的矛盾、问题和困难，急突风险乃至急突风险引发的危机也会随之而来。防范和化解急突风险，遇到困难挫折在所难免。这就需要干部特别是年轻干部涵养充沛顽强的斗争精神。

涵养充沛顽强的斗争精神，就是要有亮剑精神。在《亮剑》这部电视剧里，主角李云龙是这样解释亮剑精神的："古代剑客们，在与对手狭路相逢时，无论对手有多么强大，就算对方是天下第一剑客，明知不敌，也要亮出自己的宝剑，即使倒在对手的剑下，也虽败犹荣。这就是亮剑精神。"

亮剑精神，就是面对比自己强大的对手时，所表现出来的勇气。有了亮剑精神，也就有了充沛顽强的斗争精神，如此一来，即使工作复杂，困难艰巨，麻烦众多，这些复杂的工作，艰巨的困难，众多的麻烦，都可能会迎刃而解。狭路相逢勇者胜。

（三）在掌握应急处突的方法上多着力

干部特别是年轻干部有了应急处突的见识和胆识之后，还需要在掌握应急处突方法上多着力。这是因为见识和胆识只是限定了干部特别是年轻干部面对急突事件时胆量的大小、境界的高低、担当力量的强弱，但对于他能否真正处理好急突事件，则是缺少一种保障作用的。

干部特别是年轻干部要实现真正意义上的处理好急突事件，必须在具有见识和胆识之外，还要掌握应急处突的方法，这样才能真正提高应急处突能力。

第一，突出三个"快"字。快反应，就是迅即启动相应的应急措施，争取在最短的时间里，摸清情况。快到位，干部特别是年轻干部必须在第一时间内赶到第一现场，靠前指挥，面对面地做群众工作，稳定群众情绪。快处置。在事实基本清楚、趋势较为明显的情况下，干部特别是年轻干部要抓住要害的人物和问题的关键，迅速采取措施，坚决控制事态，避免矛盾激化。

第二，牢记一个"法"字。化解风险的方法很多。但千法万法，不能忘一"法。"这一"法"，就是宪法、法律和法规。如果涉及国外的一些风险危机，也别忘了国际法。

延伸阅读

防范化解重大风险，是各级党委、政府和领导干部的政治职责，大家要坚持守土有责、守土尽责，把防范化解重大风险工作做实做细做好。要强化风险意识，常观大势、常思大局，科学预见形势发展走势和隐藏其中的风险挑战，做到未雨绸缪。要提高风险化解能力，透过复杂现象把握本质，抓住要害、找准原因，果断决策，善于引导群众、组织群众，善于整合各方力量、科学排兵布阵，有效予以处理。领导干部要加强理论修养，深入学习马克思主义基本理论，学懂弄通做实新时代中国特色社会主义思想，掌握贯穿其中的辩证唯物主义的世界观和方法论，提高战略思维、历史思维、辩证思维、创新思维、法治思维、底线思维能力，善于从纷繁复杂的矛盾中把握规律，不断积累经验、增长才干。要完善风险防控机制，建立健全风险研判机制、决策风险评估机制、风险防控协同机制、风险防控责任机制，主动加强协调配合，坚持一级抓一级、层层抓落实。

——《习近平在省部级主要领导干部坚持底线思维着力防范化解重大风险专题研讨班开班式上发表重要讲话》，新华社，2019年1月21日。

三、应急处突中的危机决策

随着"9·11"事件的发生、非典疫情的出现和新冠肺炎疫情的蔓延，"危机决策"成了现代领导决策的新视点。人们在思考：面对应急处突中的危机，如何决策？

所谓危机决策，就是在组织决策者的核心价值或根本利益受到严重威胁和挑战，既有体系或部分体系的有序运作状态被打乱的情势下，决策者为使组织在危机中得以生存，并将危机所造成的损失降到最低程度，所迅速采取的相关应对举措。

（一）危机的主要特征与发展过程

所谓危机，就是指决策者的核心价值或根本利益受到严重威胁，而决策者又必须在信息不充分和事态发展高度不确定的情况下，迅速做出决策的非常规事件。它具有爆发的突然性、蔓延的迅猛性、变化的无序性、损失的严重性、影响的敏感性和决策的时效性等特征。

爆发的突然性，是事件的发生是不能或者难以预测的，事出突然。

蔓延的迅猛性，是事件一旦爆发，就有不可遏制之势，迅速扩散蔓延。

变化的无序性，是事态的发展变化趋势不可判定，呈现出复杂无序的状态。

损失的严重性，是事件的发生打乱了既有体系或部分体系的有序运作，使既有体系所处的平衡状态发生改变或受到破坏。这种改变和破坏具有高度的危险性，它不仅会危及到人的生命、财产，甚至还会危及到组织的命运。

影响的敏感性，是由于事件会使决策者的核心价值或根本利益受到严重威胁和挑战，因此，它会给组织成员造成紧张和压力，从而带来严重的社会影响，而且这种影响还是十分敏感的。

决策的时效性，是由于事件的发生是突然的，而且具有高度的危险性，因此，可供选择判断的时间极为有限。它要求决策者迅速实施救援，并在最短的时间内做出应对决策。否则，就会使事态更为恶化，最终使人的生命丧失，使财产毁灭，甚至使组织不复存在。

一般说来，危机的发展过程可分为：前兆阶段——爆发阶段——持平阶段——解决阶段。

前兆阶段，危机虽然没有爆发，但已经出现了各种征候。

爆发阶段，危机爆发，并迅速恶化，而且发展变化趋势不可判定。

持平阶段，危机事件得到一定的控制，但还没有彻底解决。

解决阶段，危机事件得到了有效的解决。

（二）急突事件中危机决策的过程

危机发展的过程决定了危机决策的过程。根据危机发展周期的不同特点，危机决策大致可分为以下几个步骤：

第一，危机预警。危机预警，就是通过对危机风险源、危机征兆等进行持续地监测，在各种信号显示危机将要来临时及时地向决策者发出警报，以提醒决策者采取应对措施。

危机预警是危机决策的第一个步骤。危机虽然是不可避免的，但干部特别是年轻干部如果能"未雨绸缪"，"防患于未然"，在危机未发生之前，就将产生危机的土壤及时铲除，便能有效地预防和避免危机的出现。这就要求干部特别是年轻干部能树立并强化危机意识，并建立一套规范、全面的危机管理预警系统，来有效地预防危机的发生。

建立一套规范、全面的危机管理预警系统，是预防危机的保证。危机虽然具有突发性、迅猛性的特点，但它的爆发总是一个从量变到质变的过程，一般都有前期征兆。

因此，如果能有一套规范、全面的危机管理预警系统，是可以预测和控制危机的。

建立一套规范、全面的危机管理预警系统，首先就要做好动态预测。干部特别是年轻干部要在充分调查研究的基础上，将可能会对组织的活动、生存造成潜在威胁的事件详列出来，并根据发生的可能性评估它们的等级，依序排列。其次，针对危机发生的可能性，以及可能造成的危害，构建危机应对机制。危机应对机制主要包括以下内容：

成立危机处理小组。明确其职责、权力，确定其联系、沟通与合作的方式，以及不同局势下的调整与变通方案等。

配置处理危机时所需的资源。这些资源主要是人力、物力和财力。要明确其指挥者、管理人，以便在急需时能有效、及时地指挥、调配和管理；要明确其获取方式、存放地点、维护制度和使用说明，以便招之即来，来之能用，用之有效。

明确信息沟通的方式途径。这里所说的信息沟通，既包括信息的收集与转换，又包括信息的传递与发布。构建危机应对机制时，应明确信息收集的途径与转化方式，确定不同对象的沟通原则与方法，确认信息的发布与传递渠道。以便及时收集到真实有效的信息，并在第一时间传递出真实可靠的声音。

第二，危机识别。危机识别，就是根据危机潜伏期的各种征兆，或根据危机出现的蛛丝马迹，辨识出危机是否将要出现，或者已经出现。

对于决策者来说，危机识别阶段是最具有挑战性的。它要求决策者必须具有见微知著的本领，具有敏锐的观察力，能在问题还处于萌芽状态时，就及时发现；它要求决策者必须具有明察秋毫的本事，具有正确的判断力，能根据一些零星的迹象判断出问题的要害与关键，做出正确的抉择与判断；它要求决策者必须具有实事求是的作风，能虚心听取各种不同的意见，以此来印证自己的判断。

第三，危机控制。危机控制是指危机事件降临之后，为防止危机事件不断升级而采取的一系列举措。有时，即使采取了预防减灾的措施和对策，危机事件依然会发生；而且，危机发生后，还必然有一个不断升级直至全面爆发的过程。在危机事件不断升级的过程中，其破坏力也在逐渐地增强，直至破坏组织既有体系所处的平衡状态，威胁到组织的生存。因此，决策者必须针对危机事件的不同发展阶段，迅即启动相应的应急措施，争取在最短的时间内将危机控制住，使其不再升级，直至消除危机。

第四，危机消除。控制了危机，并不意味着危机决策过程的结束。决策者还必须采取一系列的措施，进行危机善后处理，也就是危机消除。危机消除的作用，就如美国著名危机专家诺曼·R.奥古斯丁所说的，可以为组织"提供一个至少能弥补部分损失和纠正混乱的机会"。

一般来说，危机消除主要有以下几方面的工作要做：组织力量恢复重建；对受害者进行救援；调查危机发生的原因；评价整个危机管理工作的情况，总结经验教训，完善危机管理制度。

古人云："祸兮福所倚，福兮祸所伏。"任何事物的发展都存在着正反两个方面的因素。危机也是如此。危机是灾难，是毁灭，也是机遇和挑战。如果决策者能正视危机，以大无畏的精神迎接危机的挑战，有效地处理危机，就不仅会避免突发事件所造成的损害，还能提高领导威信，从而推进组织的发展和社会的进步。

（三）责任担当是应急处突决策的基础

干部特别是年轻干部应急处突能力的提高，危机决策的抉择拍板实施，离不开责任担当。

干部特别是年轻干部如果有责任担当，就会"权为民所用，情为民所系，利为民所谋"；干部特别是年轻干部如果有责任担当，就会为人民群众排忧解难，即使是为群众赴汤蹈火也会在所不辞。

习近平总书记在中央党校 2010 年秋季学期开学典礼上的讲话中指出："权力的行使与责任的担当紧密相连，有权必有责。看一个领导干部，很重要的是看有没有责任感，有没有担当精神。"

作为干部特别是年轻干部，就应该在享受特权的同时，承担起更大的责任。在风险和危机来临时，有勇气站出来，单独扛起压力。党的优秀干部孔繁森就是一个有责任担当的人。

孔繁森早年在部队医院当过兵，懂得一些医术。到西藏工作后，他看到当地缺医少药现象非常严重，就准备了一个小药箱，买上一些常用药品，为农牧民看病治病。

一次，有位 70 多岁的藏族老人肺病发作，浓痰堵塞了咽喉，生命垂危。当时，没有其他医疗器械可用，孔繁森就将听诊器的胶管伸进老人嘴里，又对着胶管将痰一口一口地吸出来，然后又为老人打针服药，直到老人转危为安，他才放心地离去。

如果对人民没有真感情，没有责任担当，是不可能做到"对着胶管将痰一口一口地吸出来"的。

孔繁森常说:"一个人爱的最高境界是爱别人,一个共产党员爱的最高境界是爱人民。"

干部特别是年轻干部都应该向孔繁森学习,本着对人民高度负责的态度,恪尽职守,担当作为。

▌延伸阅读

一个高明的领导,讲究领导艺术,知关节,得要领,把握规律,掌握节奏,举重若轻。

在日常工作中,有三类干部:第一类,眼光敏锐,见微知著,"为之于未有,治之于未乱",防患于未然,化解于无形,开展工作有板有眼,纵横捭阖,张弛有度,"谈笑间,樯橹灰飞烟灭",这是领导艺术的最高境界。第二类,工作勤勤恳恳、忙忙碌碌、夜以继日,天天加班加点,虽然工作的预见性、敏感性不足,但问题暴露后,尚能及时采取措施,妥善加以解决,虽不能举重若轻而显得举轻若重,但"勤能补拙",仍不失为勤政的干部。第三类,见事迟,反应慢,发现不了问题,出了问题后,或手足无措,或麻木不仁。我们每一个领导干部,都要努力学习,加强实践,

不断提高领导水平，力求最高境界，力戒第三种
情况。

——习近平：《要讲究领导艺术》，《浙江日报》
"之江新语"专栏，2004 年 1 月 13 日。

思考题

1. 为什么说常备不懈的忧患意识是使组织立于不败之地
的基础？

2. 干部特别是年轻干部为什么要树立底线思维？

3. 干部特别是年轻干部怎样提高应急处突的见识？

4. 干部特别是年轻干部怎样培养充沛顽强的斗争
精神？

5. 年轻干部为什么要到重大斗争中去真刀真枪干？

6. 危机有哪些特点？

7. 危机消除有哪些工作要做？

8. 为什么说责任担当是应急处突决策的基础？

| 第六章 |
提高群众工作能力，成为群众的
贴心人

"年轻干部要提高群众工作能力。要坚持从群众中来、到群众中去，真正成为群众的贴心人。要心中有群众，时刻把群众安危冷暖放在心上，认真落实党中央各项惠民政策，把小事当作大事来办，切实解决群众'急难愁盼'的问题。"① 这是习近平总书记对干部特别是年轻干部提出的要求。

一、密切联系群众，成为群众的贴心人

密切联系群众，是党的优良传统和作风，也是党风建

---

① 《习近平在中央党校（国家行政学院）中青年干部培训班开班式上发表重要讲话》，新华网，2020 年 10 月 10 日。

设的核心内容。《中国共产党章程》指出："我们党的最大
政治优势是密切联系群众，党执政后的最大危险是脱离群
众。党风问题、党同人民群众联系问题是关系党生死存亡
的问题。"这是历史经验教训的总结。干部特别是年轻干
部要密切联系群众，成为群众的贴心人，就要在以下几个
方面着力：

（一）坚持党的群众路线

"党在自己的工作中实行群众路线，一切为了群众，
一切依靠群众，从群众中来，到群众中去，把党的正确主
张变为群众的自觉行动。"《中国共产党章程》中的这段话，
对什么是党的群众路线这一概念做了最权威的阐释，规范
了党的干部如何坚持党的群众路线。这就是：

在价值观上，要执政为民。一切为了群众，一切依靠
群众。"一切为了群众，一切依靠群众"的价值观，规定
了党同群众的关系。它要求党的干部，不是在某些事情上
"为了群众"，而是"一切为了人民群众"；不是在某些事
情上"依靠群众"，而是"一切依靠群众"。

在方法论上，要从群众中来，到群众中去。从群众中
来，就是将群众分散的无系统的意见集中起来，化为科学
的领导意见。也就是通过调查研究，集中群众的智慧和经

验，摸清群众的愿望和需要，有事同群众商量，以形成切合实际的正确方针、政策、计划和办法。从群众中来的过程，不是把群众的诸多认识简单地堆积和相加的过程，而是要经过领导者的"去粗取精，去伪存真，由此及彼，由表及里"的改造制作，使之上升为比较系统的理性认识。到群众中去，就是把集中起来的领导意见化为群众自觉的实践活动。也就是把吸取群众意见而形成的方针、政策、计划和办法，拿到群众中去作宣传解释，化为群众的思想和自觉行动，并在群众的实践中加以检验和发展。到群众中去，既是实行方针、政策、计划和办法的过程，又是检验和进一步完善、发展、修正方针、政策、计划和办法的过程。

希腊神话中有一个巨人叫安泰。他是大地女神盖亚和海神波塞冬的儿子，居住于利比亚。

安泰力大无穷，而且只要他与大地保持着密切接触，他就是不可战胜的。赫拉克勒斯发现了他的这个秘密，就把安泰举到空中，让他无法从大地盖亚那里获取力量，最后把他给扼死了。

刘少奇同志多次借用古希腊神话中安泰的故事来告诫党员干部不要脱离群众。

1942 年 4 月，刘少奇同志针对当时一些地方党的工作中存在的群众观念薄弱问题，给干部作演讲时谈到了这个问题。他说："我们脱离了母亲——群众，就会同安泰一样，随时可能被人扼死。"

1948年10月2日，刘少奇同志在对华北记者团的谈话中，又一次谈到安泰的故事，他说："我们党必须和广大群众保持密切的联系，如果和群众联系不好，就要发生危险，就会象安泰一样被人扼死。共产党人也会被人扼死的哩！党什么也不怕，就怕这一项！美帝国主义，我们是从来不怕的，原子弹，我们也是不怕的。……但是，我们就是怕脱离群众。"①

（二）把人民群众放在心中最高位置

始终把人民群众放在心中最高的位置，是中国共产党一直秉持的优良传统。早在1945年4月24日党的七大会议上，毛泽东同志就明确指出："我们共产党人区别于其他任何政党的又一个显著的标志，就是和最广大的人民群众取得最密切的联系。全心全意地为人民服务，一刻也不脱离群众；一切从人民的利益出发，而不是从个人或小集团的利益出发；向人民负责和向党的领导机关负责的一致

---

① 《刘少奇选集》上卷，人民出版社1981年版，第397页。

性；这些就是我们的出发点。"①

　　全心全意地为人民服务，一刻也不脱离群众；一切从人民的利益出发，就要把人民群众放在心中最高位置。黄克诚将军就是把人民群众放在心中最高位置的人。

　　黄克诚同志在抗日战争时期，从 1940 年到 1945 年都在苏北盐阜地区领导新四军三师对敌伪军战斗。他当时是三师师长兼政委。盐阜地区的几百万人民，至今还称他为"我们的黄师长"。

　　1943 年春节前夕，日伪军步、骑、炮、空几万人对苏北抗日根据地进行"大扫荡"。三师师部为了跳出敌人的合击圈，决定从淤黄河南撤退到河北。河上用几十条小木船临时架起了一座船桥。从阜宁县城西进，经东沟、益林北上的敌人已逼近淤黄河，枪声、炮声越来越近。这时，淤黄河南几个村子的数百名老百姓也牵牛抱鸡、扶老携幼地拥挤在河边，急于要过河。但河水齐胸，老幼难行，船桥也只能一个人一个人地单行。这时，师部人员的大多数还在河南，未及过去。黄师长也在河南船桥口上，只听他大喝一声："部队停止，先让老百姓过桥！"他站立岸上，亲自指挥部队让路。枪声越来越密集

_____

① 《毛泽东选集》第 3 卷，人民出版社 1991 年版，第 1094—1095 页。

了，炮弹已打到河里，轰起了水花阵阵。指战员见黄师长如此坚定，也就没有一个人与民争渡，都闪在一边，让老百姓先过，并指挥老百姓有秩序地过桥，以免拥挤落水。经过半个小时左右，老百姓全部安全过了桥，师部的人员才过桥。①

（三）为人民群众谋利益

《中国共产党章程》明确规定："中国共产党党员永远是劳动人民的普通一员。除了法律和政策规定范围内的个人利益和工作职权以外，所有共产党员都不得谋求任何私利和特权。"作为党的各级干部，要按照《党章》的要求去做，始终为人民群众谋利益。

为人民群众谋利益，就要把人民对美好生活的向往作为奋斗目标，要求干部特别是年轻干部始终为人民利益和幸福而努力工作。为人民利益和幸福而努力工作，就要着力解决群众的操心事、烦心事，为民谋利、为民尽责。

为人民群众谋利益，就要"落实党中央关于逐步实现全体人民共同富裕的要求，带领群众艰苦奋斗、勤劳致富，在收入、就业、教育、社保、医保、医药卫生、住房

---

① 王迎力：《先让老百姓过桥》，人民网，2015 年 10 月 22 日。

等方面不断取得实实在在的成果"①。

当年毛泽东同志也告诉全党:"我们应该深刻地注意群众生活的问题,从土地、劳动问题,到柴米油盐问题。妇女群众要学习犁耙,找什么人去教她们呢? 小孩子要求读书,小学办起了没有呢? 对面的木桥太小会跌倒行人,要不要修理一下呢? 许多人生疮害病,想个什么办法呢? 一切这些群众生活上的问题,都应该把它提到自己的议事日程上。应该讨论,应该决定,应该实行,应该检查。要使广大群众认识我们是代表他们的利益的,是和他们呼吸相通的。"②

▌延伸阅读

一

什么是党的工作中的群众路线呢? 简单地说来,它包含两方面的意义:在一方面,它认为人民群众必须自己解放自己;党的全部任务就是全

---

① 《习近平在中央党校(国家行政学院)中青年干部培训班开班式上发表重要讲话》,新华网,2020 年 10 月 10 日。
② 《毛泽东选集》第 1 卷,人民出版社 1991 年版,第 138 页。

心全意地为人民群众服务；党对于人民群众的领
导作用，就是正确地给人民群众指出斗争的方
向，帮助人民群众自己动手，争取和创造自己的
幸福生活。因此，党必须密切联系群众和依靠群
众，而不能脱离群众，不能站在群众之上；每一
个党员必须养成为人民服务、向群众负责、遇
事同群众商量和同群众共甘苦的工作作风。在另
一方面，它认为党的领导工作能否保持正确，决
定于它能否采取"从群众中来，到群众中去"的
方法。

——《邓小平文选》第 1 卷，人民出版社
1994 年版，第 217 页。

二

群众的意见，不外是几种情况。有合理的，
合理的就接受，就去做，不做不对，不做就是官
僚主义。有一部分基本合理，合理的部分就做，
办不到的要解释。有一部分是不合理的，要去做
工作，进行说服。

——《邓小平文选》第 1 卷，人民出版社 1994 年版，
第 273 页。

二、宣传教育群众，提高群众的思想觉悟

"要注意宣传群众、教育群众，用群众喜闻乐见、易于接受的方法开展工作，提高群众思想觉悟，让他们心热起来、行动起来。"① 这是习近平总书记对干部特别是年轻干部提高群众工作能力提出的一项具体要求。

（一）用马克思主义中国化理论成果武装群众

马克思主义中国化，是马克思主义基本原理同中国革命、建设与改革开放具体实际相结合的过程。在这个过程中产生的理论成果，就是马克思主义中国化理论成果。这些成果包括毛泽东思想、邓小平理论、"三个代表"重要思想、科学发展观和习近平新时代中国特色社会主义思想。

干部特别是年轻干部要帮助群众提高思想觉悟，首先就要用马克思主义中国化理论成果尤其是习近平新时代

---

① 《习近平在中央党校（国家行政学院）中青年干部培训班开班式上发表重要讲话》，新华网，2020 年 10 月 10 日。

中国特色社会主义思想宣传群众、教育群众，2019 年 1 月 31 日发布的《中共中央关于加强党的政治建设的意见》强调："习近平新时代中国特色社会主义思想是当代中国马克思主义、21 世纪马克思主义，是全党全国人民为实现中华民族伟大复兴而奋斗的行动指南，是经过实践检验、富有实践伟力的强大思想武器，必须长期坚持并不断发展。"

党的十九大报告用"八个明确"、"十四个坚持"概括了习近平新时代中国特色社会主义思想的主要内容和基本精神。

第一，"八个明确"回答了新时代要坚持和发展什么样的中国特色社会主义。

明确坚持和发展中国特色社会主义，总任务是实现社会主义现代化和中华民族伟大复兴，在全面建成小康社会的基础上，分两步走在本世纪中叶建成富强民主文明和谐美丽的社会主义现代化强国；

明确新时代我国社会主要矛盾是人民日益增长的美好生活需要和不平衡不充分的发展之间的矛盾，必须坚持以人民为中心的发展思想，不断促进人的全面发展、全体人民共同富裕；

明确中国特色社会主义事业总体布局是"五位一体"、

战略布局是"四个全面"，强调坚定道路自信、理论自信、制度自信、文化自信；

明确全面深化改革总目标是完善和发展中国特色社会主义制度、推进国家治理体系和治理能力现代化；

明确全面推进依法治国总目标是建设中国特色社会主义法治体系、建设社会主义法治国家；

明确党在新时代的强军目标是建设一支听党指挥、能打胜仗、作风优良的人民军队，把人民军队建设成为世界一流军队；

明确中国特色大国外交要推动构建新型国际关系，推动构建人类命运共同体；

明确中国特色社会主义最本质的特征是中国共产党领导，中国特色社会主义制度的最大优势是中国共产党领导，党是最高政治领导力量，提出新时代党的建设总要求，突出政治建设在党的建设中的重要地位。

第二，"十四个坚持"回答了怎样坚持和发展中国特色社会主义的问题。

坚持党对一切工作的领导；坚持以人民为中心；坚持全面深化改革；坚持新发展理念；坚持人民当家作主；坚持全面依法治国；坚持社会主义核心价值体系；坚持在发展中保障和改善民生；坚持人与自然和谐共生；坚持总体

国家安全观；坚持党对人民军队的绝对领导；坚持"一国
两制"推进祖国统一；坚持推动构建人类命运共同体；坚
持全面从严治党。

这"十四个坚持"，构成了新时代坚持和发展中国特
色社会主义的基本方略，明确了怎样坚持和发展中国特色
社会主义。

（二）用革命精神教育群众

中国共产党在长期革命、建设奋斗的历程中形成了许
多革命精神，如红船精神、井冈山精神、苏区精神、长征
精神、延安精神、红旗渠精神，等等。

红船精神，是开天辟地、敢为人先的首创精神；坚定
理想、百折不挠的奋斗精神；立党为公、忠诚为民的奉献
精神。她是中国革命精神之源。

井冈山精神，是坚定执着追理想、实事求是闯新路、
艰苦奋斗攻难关、依靠群众求胜利的精神。

苏区精神，是坚定信念、求真务实、一心为民、清正
廉洁、艰苦奋斗、争创一流、无私奉献的精神。2011 年
11 月 4 日，习近平总书记在纪念中央革命根据地创建暨
中华苏维埃共和国成立 80 周年座谈会上的讲话中指出：
"这一精神既蕴涵了中国共产党人革命精神的共性，又显

示了苏区时期的特色和个性，是中国共产党人政治本色和精神特质的集中体现，是中华民族精神新的升华，也是我们今天正在建设的社会主义核心价值体系的重要来源。"

长征精神，是把全国人民和中华民族的根本利益看得高于一切，坚定革命的理想和信念，坚信正义事业必然胜利的精神；是为了救国救民，不怕任何艰难险阻，不惜付出一切牺牲的精神；是坚持独立自主、实事求是，一切从实际出发的精神；是顾全大局、严守纪律、紧密团结的精神；是紧紧依靠人民群众，同人民群众生死相依、患难与共、艰苦奋斗的精神。

2016年10月21日，习近平总书记在纪念红军长征胜利80周年大会上的讲话中指出："伟大长征精神，是中国共产党人及其领导的人民军队革命风范的生动反映，是中华民族自强不息的民族品格的集中展示，是以爱国主义为核心的民族精神的最高体现。"

延安精神，是坚定正确的政治方向，解放思想、实事求是的思想路线，全心全意为人民服务的根本宗旨，自力更生、艰苦奋斗的创业精神。

红旗渠精神，是自力更生、艰苦创业、团结协作、无私奉献的奋斗精神。

这些精神是一笔非常宝贵的精神财富和丰厚的政治资

源。干部特别是年轻干部用这些革命精神来教育人民群众，一定能激励人民群众克服一切艰难险阻、为实现中华民族伟大复兴而奋斗的强大精神动力。

（三）用社会主义核心价值观宣传群众

"富强、民主、文明、和谐，自由、平等、公正、法治，爱国、敬业、诚信、友善"，这 24 个字是社会主义核心价值观的内容。

"富强、民主、文明、和谐"是从国家层面提出的国家主导价值观，在核心价值观中居于统领地位。

"自由、平等、公正、法治"是针对社会层面提出的社会主流价值观，是核心价值观的重要支柱。

"爱国、敬业、诚信、友善"是立足个人层面提出的公民个人的道德价值准则，是社会主义核心价值观的重要基础。

用社会主义核心价值观宣传群众，就是让人民群众了解社会主义核心价值观，并在实践中践行社会主义核心价值观。尤其是要大力向人民群众宣传立足于个人层面提出的公民个人的道德价值准则——"爱国、敬业、诚信、友善"。要通过宣传，让人民群众懂得：

爱国，是实现中国梦的强大精神力量，是中华民族前进的动力，也是个人实现人生价值的巨大力量源泉。

敬业，是承担职业道德责任的具体体现。从业者承担了职业道德责任，他就会在热爱自己本职工作的基础上，无论处在什么样的工作环境中，都能保持乐观向上的心理状态，以饱满、激昂的斗志，善始善终地完成所承担的任务；他就会在从事职业劳动的过程中，不计较个人的利害得失，埋头苦干，真心实干，精益求精，呕心沥血，殚精竭虑。如此一来，他的工作就会做得更加出色，做得更为成功。

诚信，是一个人必须具备的道德素质和品格，是踏入社会、扎根社会的通行证，是实现自我价值和社会价值的最大资本。"人无信不立"，讲诚信是对人的基本要求。在人类社会的历史长河中，诚信的原则都是人在行为选择中需要遵从的第一原则。

诚信是做人最起码的道德品质，是为人处世最基本的行为规范，是各种职业道德的精髓。一个不具备诚信品质的人，将无法获得他人的信任和尊重，将无法获得社会的支持和帮助，最终会被他人和社会所唾弃。一个真诚而讲信用的人，自然会受到他人和社会的尊重与青睐。

友善，让世界充满阳光。友善，被列入社会主义核心价值观，是社会主义价值体系生活化、大众化的重要体现。友善是处理人与人之间的关系、人与社会的关系、人与自然的关系的基本准则。

法国著名的文学家雨果有一句名言："友善是精神世界的阳光。"这句名言生动而形象地道出了友善的价值功能。没有友善的世界是一个黑暗的世界；没有友善的社会是一个冷漠的社会。

干部特别是年轻干部要通过宣传友善的价值观，来引领人民群众以开放的胸襟、包容的心态去面对他人的价值认同，在工作生活中求大同存小异。

（四）用优秀传统文化营养群众

中华文化源远流长、灿烂辉煌。在 5000 多年文明发展中孕育的中华优秀传统文化，积淀着中华民族最深沉的精神追求，代表着中华民族独特的精神标识，是中华民族生生不息、发展壮大的丰厚滋养，是中国特色社会主义植根的文化沃土，是当代中国发展的突出优势，对延续和发展中华文明、促进人类文明进步，发挥着重要作用。因此，干部特别是年轻干部宣传教育群众，用优秀传统文化营养群众必不可少。

比如，文明、高雅的交往方式，就是古人所推崇的。

《礼记》就要求人们在言行举止上做到："不失足于人，不失色于人，不失口于人"；扬雄在他所著的《法言》中则要求人们在交往中"上交不谄，下交不骄"。

比如，守诚信、崇正义。诚信，是中华民族宝贵的思想财富。这种思想财富早在先秦时期就已经形成。先贤圣哲无不把诚信作为立人、立德、立业、立国的根本。

《周易》是一部古哲学典籍。《周易·乾》中云："修辞立其诚，所以居业也。"这句话的意思是说，君子的言行应该真诚不虚，才能建功立业。

春秋战国时期，"诚信"问题得到了前所未有的重视。诸子百家对诚信都有论述，而阐述最丰的当属儒家。

孔子作为儒家思想的创始人，认为诚信是做人的基本要求之一，并把诚信作为"仁"的重要思想内容。"人而无信，不知其可也。"（《论语·为政》）孔子还把取得民众的信任看作是治国理政的第一要务，是立国安邦的前提条件。

崇正义，是中华民族源远流长的优秀文化。早在尧舜时代，"义"就是人们谈到的重要命题。后来，"义"又成为极其重要的道德范畴。《墨子·天志下》说："义者，正也。"

杨朝明先生曾经在 2014 年 7 月 29 日《光明日报》上

解释说，"义"包含人之行为的正当与公正，也包含社会制度评判上的合宜与公平。他还进一步阐述说，"义"的内涵规定性要求社会成员"轨于正义"（《史记·游侠列传》）。

比如，尊老爱幼。早在两千多年前，孟子就告诫世人，要"老吾老以及人之老，幼吾幼以及人之幼"。南宋理学家朱熹也说："我老老幼幼，他亦老老幼幼，互相推及，天下岂有不治?"因此，古人以尊老爱幼为荣，以虐老弃幼为耻。

2014 年 10 月 15 日习近平总书记在文艺工作座谈会上的讲话中指出："中华民族在长期实践中培育和形成了独特的思想理念和道德规范，有崇仁爱、重民本、守诚信、讲辩证、尚和合、求大同等思想，有自强不息、敬业乐群、扶正扬善、扶危济困、见义勇为、孝老爱亲等传统美德。中华优秀传统文化中很多思想理念和道德规范，不论过去还是现在，都有其永不褪色的价值。我们要结合新的时代条件传承和弘扬中华优秀传统文化，传承和弘扬中华美学精神。……传承中华文化，绝不是简单复古，也不是盲目排外，而是古为今用、洋为中用，辩证取舍、推陈出新，摒弃消极因素，继承积极思想，'以古人之规矩，开自己之生面'，实现中华文化的创造性转化和创新性发展。"①

习近平总书记的这段讲话为干部特别是年轻干部用传统文化营养群众提供了正确的路径和内容指导。

▌ 延伸阅读

　　社会主义现代化建设的极其艰巨复杂的任务摆在我们的面前。很多旧问题需要继续解决，新问题更是层出不穷。党只有紧紧地依靠群众，密切地联系群众，随时听取群众的呼声，了解群众的情绪，代表群众的利益，才能形成强大的力量，顺利地完成自己的各项任务。现在群众中需要解决的思想问题很多，党内需要解决的思想问题也很多。我们一定要把思想政治工作放在非常重要的地位，切实认真做好，不能放松。这项工作，各级党委要做，各级领导干部要做，每个党员都要做。要做得有针对性、细致深入和为群众所乐于接受。最重要的条件，就是凡是需要动员群众做的，每个党员，特别是担负领导职务的党

---

① 习近平：《在文艺工作座谈会上的讲话》，新华网，2014 年 10 月 15 日。

员，必须首先从自己做起。

——《邓小平文选》第 2 卷，人民出版社 1994 年版，
第 342 页。

三、掌握群众工作方法，做好党的群众工作

习近平总书记在中央党校建校 80 周年庆祝大会暨 2013 年春季学期开学典礼上指出："很多同志有做好工作的真诚愿望，也有干劲，但缺乏新形势下做好工作的本领，面对新情况新问题，由于不懂规律、不懂门道、缺乏知识、缺乏本领，还是习惯于用老思路老套路来应对，蛮干盲干，结果是虽然做了工作，有时做得还很辛苦，但不是不对路子，就是事与愿违，甚至搞出一些南辕北辙的事情来。这就叫新办法不会用，老办法不管用，硬办法不敢用，软办法不顶用。"①

干部特别是年轻干部要提高群众工作能力，做好党的群众工作，必须掌握党的群众工作方法。在群众工作的实践中，广大干部创造了许多行之有效的群众工作方

① 习近平：《在中央党校建校 80 周年庆祝大会暨 2013 年春季学期开学典礼上的讲话》，《人民日报》2013 年 3 月 1 日。

法，值得推广学习借鉴。

（一）抓两头带中间的方法

抓两头带中间，就是把工作的重点放在抓先进和后进这两头上，由此带动中间环节。

事实上，事物的发展是不平衡的，任何单位的群众，在对问题的认识和工作态度上，都有先进、中间和后进这三种状态，而中间状态又总是占多数。实践证明，抓好了先进这一头，能充分发挥先进的模范带头作用；抓好了后进这一头，能促使后进向先进转化。两头抓好了，中间也就带上去了。这是一种辩证的群众工作方法。学习运用这种方法，需要注意以下几点：

第一，抓好先进。抓好先进，需要以事实作依据来确定先进，不弄虚作假；对先进要给予具体的帮助、指导及适当的表扬与鼓励，宣扬他们的事迹和经验；与此同时，还要使先进者有自知之明，能够认识到虽然是先进，但自身还存在一些不足，要使先进者明白"满招损，谦受益"的道理，始终保持谦虚谨慎不骄不躁的作风，虚心向他人学习，不断取得新的进步。

第二，抓好后进。抓好后进，一定不能歧视后进，不能嫌弃后进。而应该主动到后进单位去做工作，主动接近后进群众，与后进群众建立亲密感情，交知心朋友；对后进单位和后进群众存在的问题，要实事求是地进行分析，找到问题的症结所在，并给出解决问题的办法；同时，要帮助后进群众克服自卑感，改变自甘落后的心理状态，树立赶超先进的决心和信心，当他们对自己的问题认识不足时帮助他们提高认识，当他们把自己的问题看得过重、缺乏信心时给以鼓励；不公开称他们为"后进"，不给他们戴"后进"的帽子；当后进变为先进时，还要及时地予以肯定，热情地加以赞扬表奖。

第三，带动中间。抓两头的重要目的是要把中间带动起来。带动中间要向处于中间状态者介绍先进者的经验和后进者的教训，帮助他们克服甘居中游的思想，激发他们的荣誉感和上进心。

（二）寓教于乐的方法

寓教于乐，是采取如知识问答、专题书画展、文艺演出、观看电影等丰富多彩而又灵活多变的形式，把教育群众的信息巧妙地渗透在各种娱乐活动之中的一种生动活泼的教育方式。这种方式能有效地吸引群众，调动群众接受思想教育的积极性，使群众能在愉悦中丰富知识，陶冶情操，从而较好地达到受到思想教育、激发工作热情、促进工作发展的目的。

运用寓教于乐的方法教育群众，应该注意以下三个原则：

第一，突出目的性。用寓教于乐的方法教育群众，一定要注意目的性。不能喧宾夺主，将这种活动变成了单纯的娱乐活动。如果变成了单纯的娱乐活动，就失去了活动的意义。

第二，注意一致性。开展寓教于乐活动，必须注意娱乐内容与群众思想教育工作目的的一致性。不论是用何种娱乐形式，都必须注意选择健康、向上且能突出主旋律的内容，绝对禁止那些低级庸俗的东西。

第三，强调针对性。要根据不同的教育内容，从实际出发，确定不同的寓教于乐的活动形式，因地制宜、因材施教，防止"一锅端"，不搞"一刀切"。这样，才能增强群众教育活动的有效性。

（三）一般号召与个别指导相结合的方法

一般号召与个别指导相结合，就是部署工作，阐明一般意见，发出一般号召之后，选择几个具体单位或部门，深入调查研究，详细了解那里的工作进展情况，并指导这些单位具体解决工作中的难点，藉以取得经验，反过来对面上的工作做普遍性的指导。

使用这种方法，既能推动全局和指导面上的工作，又能从点上了解情况，发现问题，取得经验，然后，以点带面，推动面上的工作。

毛泽东同志认为，一般号召与个别指导相结合的方法，是我们共产党人无论进行任何工作时都必须采用的方法。他在《关于领导方法的若干问题》一文中说过："任何工作任务，如果没有一般的普遍的号召，就不能动员广大群众行动起来。但如果只限于一般号召，而领导人员没有具体地直接地从若干组织将所号召的工作深入实施，突破一点，取得经验，然后利用这种经验去指导其他单位，就无法考验自己提出的一般号召是否正确，也无法充实一般号召的内容，就有使一般号召归于落空的危险。"[1] 他还举例说："一九四二年的各地整风，凡有成绩者，都是采用了一般号召和个别指导相结合的方法；凡无成绩者，都是没有采用此种方法。"[2] 他还强调指出："任何领导人员，凡不从下级个别单位的个别人员、个别事件取得具体经验者，必不能向一切单位作普遍的指导。这一方法必须普遍

---

[1] 《毛泽东选集》第3卷，人民出版社1991年版，第897页。

[2] 《毛泽东选集》第3卷，人民出版社1991年版，第897页。

地提倡，使各级领导干部都能学会使用。"①

　　干部特别是年轻干部运用这种工作方法，需要注意以下几点：

　　第一，工作任务的部署，一般号召的提出，必须要符合客观实际情况，充分反映群众的愿望和利益诉求，代表人民群众的根本利益。而且，工作任务的部署，一般号召的提出，应该是明确的、具体的，不能是一些空洞的概念和抽象的说法。

　　第二，个别指导要是真正的指导。一般号召与个别指导相结合的方法，是一般号召在前，个别指导在后，二者相辅相成，统一于具体的工作实践。那么，如何进行个别指导？毛泽东同志在总结 1942 年解放区各地整风的成功的经验时，对一般号召和个别指导相结合的工作方法的运用，对实现个别指导，曾经提出这样的具体要求："除提出一般号召（全年整风计划）外，必须在自己机关中和附近机关、学校、部队中，选择二三单位（不要很多），深入研究，详细了解整风学习在这些单位的发展过程，详细了解这些单位中若干个（也不要很多）有代表性的工作人员的政治经历、思想特点、学习勤惰和工作优

---

① 《毛泽东选集》第 3 卷，人民出版社 1991 年版，第 898 页。

劣，并亲自指导这些单位的负责人具体地解决该单位的实际问题，借以取得经验。"①

毛泽东同志这些对个别指导的规范性的要求，在今天仍然具有重要的指导意义。干部特别是年轻干部只有老老实实地深入群众之中，直接地具体地做这些看来琐细的事情，一丝不苟，调查研究，分析综合，才能使一般号召和个别指导很好地结合起来，才能谈得上创造性地工作，从而达到预期目的。

第三，一般号召与个别指导相结合，必须以群众路线为前提。这就是说，只有从群众中来，才能形成一般号召，只有再到群众中去，对群众进行个别指导，一般号召才能得到检验、修正或补充，也才能形成新的一般号召。毛泽东在《关于领导方法的若干问题》中认为，一般号召与个别指导相结合的方法只是群众路线方法的一个组成部分。一般号召从群众中来，从个别指导中来，具体化为实践所需要的形式，并接受实践的检验，它才能发挥出重要作用；个别指导是一般号召的基础，离开了个别指导，一般号召就成了无源之水、无本之木，就有落空的危险，但只有当它接受了一般号召的指导时，它才是明确的、有效的。

---

① 《毛泽东选集》第 3 卷，人民出版社 1991 年版，第 897—898 页。

▌延伸阅读

一

　　要联系群众，就要按照群众的需要和自愿。一切为群众的工作都要从群众的需要出发，而不是从任何良好的个人愿望出发。有许多时候，群众在客观上虽然有了某种改革的需要，但在他们的主观上还没有这种觉悟，群众还没有决心，还不愿实行改革，我们就要耐心地等待；直到经过我们的工作，群众的多数有了觉悟，有了决心，自愿实行改革，才去实行这种改革，否则就会脱离群众。凡是需要群众参加的工作，如果没有群众的自觉和自愿，就会流于徒有形式而失败。

　　——《毛泽东选集》第3卷，人民出版社1991年版，
第1012—1013页。

二

　　在一切工作中，命令主义是错误的，因为它超过群众的觉悟程度，违反了群众的自愿原则，

害了急性病。我们的同志不要以为自己了解了的东西，广大群众也和自己一样都了解了。群众是否已经了解并且是否愿意行动起来，要到群众中去考察才会知道。如果我们这样做，就可以避免命令主义。在一切工作中，尾巴主义也是错误的，因为它落后于群众的觉悟程度，违反了领导群众前进一步的原则，害了慢性病。

——《毛泽东选集》第 3 卷，人民出版社 1991 年版，
第 1095 页。

思 考 题

1.怎样才能成为群众的贴心人？

2.怎样才能为人民群众谋利益？

3."怕吃亏就别当干部"，你对这句话是如何理解的？

4.怎样才能让群众的心热起来、行动起来？

5.习近平新时代中国特色社会主义思想的主要内容和基本精神是什么？

6.延安精神的内涵是什么？

|第七章|
提高抓落实能力，以上率下抓好落实

"年轻干部要提高抓落实能力。干事业不能做样子，必须脚踏实地，抓工作落实要以上率下、真抓实干。"① 这是习近平总书记对干部特别是年轻干部提出的一个重要的能力要求。

一、抓落实是各级干部重要而基本的职责

干部特别是年轻干部提高抓落实的能力，首先要对抓落实的重要性和必要性有着正确而深刻的认识。

2011 年 3 月 1 日，中共中央党校举行春季开学典礼，

---

① 《习近平在中央党校（国家行政学院）中青年干部培训班开班式上发表重要讲话》，新华网，2020 年 10 月 10 日。

时任中共中央党校校长的习近平总书记在开学典礼上发表了题为"关键在于落实"的重要讲话。他在讲话中强调，抓落实是领导工作中一个极为重要的环节，是党的思想路线和群众路线的根本要求，也是衡量党员领导干部世界观正确与否和党性强不强的一个重要标志。①

习近平总书记的这段讲话深刻地阐明了干部特别是年轻干部抓落实的重要性和必要性。

（一）抓落实是党的干部的基本职责

职责，是职务上应尽的责任。虽然党的干部有着各种各样的职责，但从领导的一般过程上讲，党的干部的基本职责主要有两项：一是做出决策；二是抓好决策的落实。正如国务院参事、曾担任过中国人民大学附属中学校长的刘彭芝所言："校长抓工作，着眼点和着力点均应放在两头。一头是事前出思路、做计划、定目标，另一头就是事后检查抓落实。"

党的干部是党执政的骨干力量，肩负着为中国人民谋幸福，为中华民族谋复兴的历史使命。

党的十九大报告指出："中国特色社会主义进入新时

---

① 习近平：《关键在于落实》，《求是》2011 年第 6 期。

代，我国社会主要矛盾已经转化为人民日益增长的美好生活需要和不平衡不充分的发展之间的矛盾。我国稳定解决了十几亿人的温饱问题，总体上实现小康，不久将全面建成小康社会，人民美好生活需要日益广泛，不仅对物质文化生活提出了更高要求，而且在民主、法治、公平、正义、安全、环境等方面的要求日益增长。"

为中国人民谋幸福，为中华民族谋复兴，就要满足人民群众对物质文化生活的高要求，满足人民群众在民主、法治、公平、正义、安全、环境等方面的多元化要求，实现幼有所育、学有所教、劳有所得、病有所医、老有所养、住有所居、弱有所扶。而这些目标的实现是离不开抓落实的。

《中国共产党纪律处分条例》第十章第一百二十一条规定：

"工作中不负责任或者疏于管理，贯彻执行、检查督促落实上级决策部署不力，给党、国家和人民利益以及公共财产造成较大损失的，对直接责任者和领导责任者，给予警告或者严重警告处分；造成重大损失的，给予撤销党内职务、留党察看或者开除党籍处分。

"贯彻创新、协调、绿色、开放、共享的发展理念不力，对职责范围内的问题失察失责，造成较大损失或者重大损失的，从重或者加重处分。"

《中国共产党纪律处分条例》第一百二十二条规定：

"有下列行为之一，造成严重不良影响，对直接责任者和领导责任者，情节较轻的，给予警告或者严重警告处分；情节较重的，给予撤销党内职务或者留党察看处分；情节严重的，给予开除党籍处分：

（一）贯彻党中央决策部署只表态不落实的；

（二）热衷于搞舆论造势、浮在表面的；

（三）单纯以会议贯彻会议、以文件落实文件，在实际工作中不见诸行动的；

（四）工作中有其他形式主义、官僚主义行为的。"

这些规定为党的干部抓落实列出了负面清单。这就告诫干部特别是年轻干部，如果不抓落实，或者抓不好落实，就是没有履行好职责，也就不是一个合格的党的干部。

（二）抓落实是讲政治的具体要求

我们党是马克思主义政党，讲政治是一以贯之的要求。

邓小平同志曾经说过："改革，现代化科学技术，加上我们讲政治，威力就大多了。到什么时候都得讲政治。"

江泽民同志在中共十四届五中全会以及以后的多次会议上也强调，领导干部一定要讲政治。关于什么是讲政治，他说："我这里所说的政治，包括政治方向、政治立场、政治观点、政治纪律、政治鉴别力、政治敏锐性。"①

习近平总书记更是形象地指出，讲政治是我们党补钙壮骨、强身健体的根本保证，是我们党培养自我革命勇气、增强自我净化能力、提高排毒杀菌政治免疫力的根本途径。

讲政治不是抽象的，而是具体的。衡量一个干部是不是讲政治，重要的标准就是看他能不能不折不扣地落实党的路线方针政策，是不是时时刻刻把人民群众放在心头，是不是诚心诚意地为人民群众谋利益。

而抓落实，就是要不折不扣地落实党的路线方针政策，为人民群众谋利益。所以说，抓落实，是领导干部讲政治的具体要求。

讲政治，才能全面坚持和贯彻党的路线、方针和政策。党的路线、方针和政策是建成社会主义现代化强国的保证。所以，干部特别是年轻干部必须全面坚持和贯

---

① 《江泽民文选》第 1 卷，人民出版社 2006 年版，第 457 页。

彻。而只有讲政治，才能深刻领会党的路线方针政策的内涵和精神实质，才能为更好地贯彻执行做好准备；只有讲政治，才能更好地坚持党的基本路线，自觉坚持以经济建设为中心，坚持改革开放和四项基本原则；只有讲政治，才能在实际工作中，根据党中央的路线方针政策，顾全大局，做好本职工作。

讲政治，不是光讲理论，不是空喊口号，而是要把讲政治落实到实践中去。

干部特别是年轻干部讲政治，就是要站在政治的立场上，运用政治观点，以独特的政治鉴别力和敏锐性去观察和处理问题，把自己手中的各项工作抓好，落实好。

讲政治，就要坚定不移地贯彻落实党的路线方针政策。邓小平同志说："社会主义现代化建设是我们当前最大的政治，因为它代表着人民的最大的利益、最根本的利益。"① 建设中国特色社会主义现代化国家，进行社会主义现代化建设，党和国家已经为我们制定了具体的路线方针政策。作为干部特别是年轻干部，就要坚决地把这些路线方针政策落实在实践中，落实在本地区、本部门的各项工作中。

---

① 《邓小平文选》第 2 卷，人民出版社 1994 年版，第 163 页。

作为干部特别是年轻干部，是不是在本职工作中，贯彻落实了党的路线方针政策，以及落实的好坏，取得的成果的大小，是衡量其是否真正做到讲政治的重要标准。干部特别是年轻干部只有在实际工作中，一丝不苟，落实到位，才叫真正的讲政治。

（三）抓落实是忠诚干净担当的重要体现

"全面贯彻新时代中国特色社会主义思想，以组织体系建设为重点，着力培养忠诚干净担当的高素质干部，着力集聚爱国奉献的各方面优秀人才，坚持德才兼备、以德为先、任人唯贤，为坚持和加强党的全面领导、坚持和发展中国特色社会主义提供坚强组织保证。"这是新时代党的组织路线。

由新时代党的组织路线可以很清晰地看到新时代干部培养的标准，就是要培养"忠诚干净担当的高素质干部"。

干部特别是年轻干部在具体的社会实践中怎样体现忠诚干净担当？抓落实就是一种重要的体现。

第一，抓落实，检验着干部特别是年轻干部的忠诚度。"天下至德，莫大于忠。"忠诚是人类道德价值的普遍取向，代表着赤胆忠心、诚实守信和矢志服从。

古今中外，人们对忠诚向来是推崇备至，认为它是做人的根基，是生命不可缺少的元素。我国清代的魏裔介说："忠诚敦厚，人之根基也"。苏联著名作家费定说："忠诚好比呼吸。它要是发生摇动，你就会立刻窒息。"美国著名作家阿尔伯特·哈伯德说："如果能捏得起来，一盎司忠诚相当于一镑智慧。"中外名人的话虽然表达形式不同，但意思却是相同的，忠诚胜过智慧，是一个人的安身立命之本。

正因为如此，中国共产党一直高度重视党员干部的政治忠诚问题。

对于党员干部来说，"忠诚"主要体现为一种政治忠诚，表现为信仰执着，服从大局，立场坚定。

老一辈无产阶级革命家陈毅同志在他《六十三岁生日述怀》中有这样一句话："我是一党员，更应献至诚。"

新时代，信仰执着，服从大局，立场坚定，对党、对人民、对国家"献至诚"，应该是干部特别是年轻干部在政治忠诚上达到的最高境界。

对党、对人民、对国家"献至诚"，就必须抓好党的路线方针政策的落实，把群众需要解决的问题认真解决好。

第二，抓落实，需要有干净的政治信用做底气。干净，就是清正廉洁。1949 年，当蒋介石反动政府行将崩溃之时，美国驻华大使司徒雷登对国民党的要员们说：
"共产党战胜你们的不是飞机大炮，而是廉洁，以及廉洁
换得的民心。"

司徒雷登这段话说得真是一点没错。清正廉洁是中国
共产党的优良传统和作风，是中国共产党的领导干部所始
终恪守的政治道德。正是靠着这种政治道德，中国共产党
将全国人民紧密地团结在自己的周围，打败了日本侵略
者，赶走了国民党，建立了新中国。

如今，在全面建设社会主义现代化国家，实现"两个
一百年"奋斗目标，实现中华民族伟大复兴中国梦的新时
代新征程中，干部特别是年轻干部依然要恪守这种清正廉
洁的政治道德。

清正廉洁，也是一种政治信用。"民不服我能，而服
我公；民不畏我严，而畏我廉。"

干部特别是年轻干部有了廉洁的政治信用，说话才能
有人听，部署的工作才能有人干，抓落实才能有底气。

第三，抓落实，是对担当精神的一种诠释。担当，就
是承担并负责任。作为干部特别是年轻干部，担当是其要
具有的最基本的素质。

有担当，才能不辱历史使命。每种职业、每个人都
有特定的、不可替代的历史使命。作为新时代党的干

部，其历史使命，就是要为中国人民谋幸福，为中华民族谋复兴。干部特别是年轻干部要履行并完成好这种历史使命，其担当精神须臾不可或缺。

有担当，才能不违党的宗旨。党的宗旨是全心全意为人民服务。全心全意为人民服务不是一句口号，而是需要实实在在的行动。这种实实在在的行动，就体现在领导干部的担当上。干部特别是年轻干部如果有担当，就会"权为民所用，情为民所系，利为民所谋"；干部特别是年轻干部如果有担当，就会为人民群众排忧解难，即使是为群众赴汤蹈火也会在所不辞。

而上面所述的这些，也正是抓落实的具体内容。所以说，抓落实是对担当精神的一种诠释。

延伸阅读

黄文秀同志研究生毕业后，放弃大城市的工作机会，毅然回到家乡，在脱贫攻坚第一线倾情投入、奉献自我，用美好青春诠释了共产党人的初心使命，谱写了新时代的青春之歌。广大党员干部和青年同志要以黄文秀同志为榜样，不忘初心、牢记使命，勇于担当、甘于奉献，在新时代的长征路上做出新的更大贡献。

——《习近平对黄文秀同志先进事迹作出重要指示》，

新华网，2019 年 7 月 1 日。

二、坚持抓落实的正确方向

"抓落实，是把决策变为人们的实践行动、由认识世界到改造世界的过程，无疑需要克服主观和客观上的诸多障碍，需要付出艰辛的努力。"[①] 这就需要各级干部牢固地树立党的宗旨意识，树立正确的政绩观，具有锲而不舍的奋斗精神，这样才能始终坚持抓落实的正确方向，使各项落实工作保持不竭的动力。

（一）牢牢把握抓落实的根本

抓落实的根本是什么？习近平总书记给出的答案是："各级领导干部不论职务高低，不论在什么岗位工作，都要身体力行党的宗旨，把以人为本、执政为民贯穿到各项工作的落实中去，努力为群众办实事办好

---

① 习近平：《关键在于落实》，《求是》2011 年第 6 期。

事，切实做到权为民所用、情为民所系、利为民所谋。把握住这一点，就把握住了抓落实的根本，就能把全部心思和精力用到抓落实上。"①

干部特别是年轻干部抓落实，必须牢牢把握这一根本。这是解决为谁而抓、为什么而抓的问题。

把握住了这一根本，干部特别是年轻干部在抓落实的过程中，就能始终坚持把人民群众的根本利益作为出发点和归宿；就能始终心系人民，权为民所用，利为民所谋；就能做到在任何时候、任何情况下，都是把人民群众的根本利益置于首位。

（二）牢固树立正确的政绩观

习近平总书记指出："在抓落实过程中，不同的政绩观会有不同的抓法、不同的结果。什么叫政绩？顾名思义，就是为政之绩，即为政的成绩、功绩、实绩。我们做事情、干工作，如果做到了上有利于国家、下有利于人民；既符合国家和人民眼前利益的要求，又符合国家和人民长远利益的要求；既能促进经济社会发展，又能促进国家富强和人民幸福，那就做出了党和人民所需要的真正的

––––––––––––––––

① 习近平：《关键在于落实》，《求是》2011 年第 6 期。

政绩。"①

干部特别是年轻干部抓落实，必须树立正确的政绩观。根据 2019 年 4 月中共中央办公厅印发的《党政领导干部考核工作条例》的规定，"考核政绩观，主要看是否恪守立党为公、执政为民理念，是否具有'功成不必在我'精神，以造福人民为最大政绩，真正做到对历史和人民负责。考核地方党委和政府领导班子的工作实绩，应当看全面工作，看推动本地区经济建设、政治建设、文化建设、社会建设、生态文明建设，解决发展不平衡不充分问题，满足人民日益增长的美好生活需要的情况和实际成效。"

2020 年 11 月，中共中央组织部又印发了《关于改进推动高质量发展的政绩考核的通知》。《通知》要求，要"把贯彻落实习近平总书记重要指示批示精神和党中央决策部署，贯彻新发展理念、推动高质量发展的实际表现和工作实绩，作为评价领导班子和领导干部政绩的基本依据，作为检验是否增强'四个意识'、坚定'四个自信'、做到'两个维护'的重要尺度。""要把人民群众的获得感、幸福感、安全感作为评判领导干部推动高质量发展政绩的重要标准"。"要聚焦推动高质量发展优化政绩考核内容指标。对

---

① 习近平：《关键在于落实》，《求是》2011 年第 6 期。

应创新、协调、绿色、开放、共享发展要求，精准设置关键性、引领性指标，实行分级分类考核，引导领导班子和领导干部抓重点破难题、补短板锻长板。"

这是新形势下对各级干部树立正确的政绩观提出的新要求。干部特别是年轻干部要根据《党政领导干部考核工作条例》的规定，根据《关于改进推动高质量发展的政绩考核的通知》的要求，树立正确的政绩观，抓好各项工作的落实。

习近平总书记要求："各级领导干部要牢固树立正确政绩观，把抓落实的出发点放到为党尽责、为民造福上，而不是树立自身形象、为自己升迁铺路；把抓落实的落脚点放到办实事、求实效上，而不是追求表面政绩，搞华而不实、劳民伤财的'形象工程'；把抓落实的重点放到立足现实、着眼长远、打好基础上，而不是盲目攀比、竭泽而渔。"①

（三）培养锲而不舍的奋斗精神

"抓落实的过程，必然会遇到许多矛盾和问题，只有努力解决好各种矛盾和问题，才能把落实工作真正抓

---

① 习近平：《关键在于落实》，《求是》2011年第6期。

好、抓出成效。矛盾和问题是普遍存在的，问题也是矛盾。没有矛盾，就没有世界、没有发展。因此，我们在各项工作包括抓落实工作中，不要怕遇到矛盾和问题，而要敢于正视矛盾和问题。不要绕开矛盾和问题走，而要同群众一道千方百计地去求得矛盾和问题的及时正确解决。"①这是干部特别是年轻干部在抓落实的工作中应该具有的根本态度。

这种态度是一种知难而进、锲而不舍的奋斗精神。有了这种精神，才能咬定青山不放松，不达目的不罢休，才能抓铁有痕、踏石留印。

这种态度是一种钉钉子的精神。"钉钉子的精神"是2013年两会期间，习近平同志在参加上海人大代表团审议时提出来的。他说，各级干部要发扬钉钉子的精神，把转变工作作风和解决群众反映强烈的突出问题结合起来，把群众工作做实、做深、做细，确保群众安居乐业，确保社会和谐稳定。

"钉钉子"是人们日常生活中很普通的一个动作。操作者将钉子放在选好的目标上，用锤子一锤一锤地把它敲进去，直到它固定好为止。这个看似普通的动

---

① 习近平：《关键在于落实》，《求是》2011年第6期。

作，要把它做好却并不普通。首先，要选择好目标，确定好位置。如果目标错了，位置没有确定好，尽管用力气钉，也是白费力气。其次，钉钉子时，要盯紧目标，并围绕目标落锤夯实，而不能东锤一下，西打两下。最后，钉钉子，不能一锤而就，要一锤一锤地逐步把钉子钉进去，最终实现目的。

由"钉钉子的动作要领"，我们可以感悟出"钉钉子的精神"的要义。在抓落实工作中贯彻落实"钉钉子的精神"，就是确定好决策的目标之后，紧紧围绕着领导工作目标，以锲而不舍的劲头，一步一步扎扎实实地为实现工作目标而努力，直到取得最后的成功，实现人民满意的效果。

▎延伸阅读

当前，我们在改革和发展中遇到很多这样那样的矛盾和问题，有的还比较突出。比如，经济发展方式粗放、资源约束加剧、环境压力增大、自主创新能力不强、保障和改善民生任务繁重等矛盾和问题，正在日益显现出来。又比如，在对外开放中涉及的贸易摩擦、贸易保护主义、技术封锁问题，以及涉及国家主权、安全和长远发展的种种矛盾和斗争，也越来越多。再比如，随着世情、国情、党情的发展变化，对党员队伍教育和管理的难度增大，保持党的先进性面临许多新情况新问题。所有这些矛盾和问题，都要求各级领导干部以对党、对人民高度负责的精神，迎难而上，敢于面对并认真探索解决之策。如果眼中只有成绩和经验，看不到问题和困难；如果回避矛盾，遇到困难绕道走，见到难题就躲避；如果报喜不报忧，有了矛盾推责任，出了问题捂着拖着，那么抓落实就有落空的危险。有些地方、部门和单位积累的问题长期得不到解决，有多种原因，但很大程度上与这些地方、部门和单位领导班子和领导干部遇到矛盾畏难情绪占上风、解决问题不得力有直接关系。抓落实，还要求领导干部增强预见性，及时发现并尽早解决矛盾和问题，努力使简单矛盾不演化成复杂矛盾，小问题不延误成大问题。领导干部要多到矛盾突出的基层去，多到困难较多的一线去，多到难点焦点问题聚集的地方去，在克服困

难、化解矛盾、解决问题中抓落实、促发展、
出实绩。

——习近平：《关键在于落实》，《求是》2011 年
第 6 期。

三、抓落实的有效路径与方法

干部特别是年轻干部抓落实，既要有"想抓"的激情、
"狠抓"的决心，还要有"善抓"的本领。否则，热情再高，
决心再大，也会因为"本领恐慌"、方法不当，而将落实
抓空。

（一）培养一支高效落实的团队

一个组织有没有落实能力，关键看有没有选对人。
一个再完美的战略决策，也会毁在缺乏落实能力的人的
手中。

干部特别是年轻干部抓落实，必须培养一支高效落实
的团队，解决落实的人才问题。

培养一支高效落实的团队，关键是要树立正确的用人
导向。导向就是风向标。古人云："用一贤人，则贤人毕

173

至；用一小人，则小人齐趋。"习近平总书记指出："用好一个干部，就是树立一面旗帜，就会在一个地方、一个部门、一个单位形成良好的工作氛围。一些地方、部门和单位之所以出现形式主义、官僚主义问题，往往同用人导向有关。"①

干部特别是年轻干部要抓好落实，必须树立崇尚实干的正确用人导向。

一是让老实人不吃亏。让老实人不吃亏，就要旗帜鲜明地选拔任用求真务实、埋头苦干、默默奉献、不事张扬、兢兢业业为党和人民工作的干部；坚决不用那些好大喜功、虚报浮夸、投机取巧、坐而论道、作风漂浮、搞花架子的人。

二是让敢担当的人有位子。让敢担当的人有位子，就要旗帜鲜明地使用那些为了事业的发展勇于负责、敢担风险、不计个人得失的干部；坚决不用那些遇事推诿、斤斤计较个人得失的人。

只有树立了这样的用人导向，才能调动广大群众落实的积极性，并在本单位、在全社会中形成崇尚实干的氛围。

_____

① 习近平：《关键在于落实》，《求是》2011年第6期。

（二）建立建全抓落实的工作机制

习近平总书记指出："抓好落实，具有良好的精神状态和优良的作风很重要，建立科学管用的制度和机制同样很重要。要制定强有力的组织措施、考核措施、激励措施，健全抓落实的工作机制。"①邓小平同志说过："制度好可以使坏人无法任意横行，制度不好可以使好人无法充分做好事，甚至会走向反面。"②

第一，建立健全严格的目标责任制度。习近平总书记指出："有些地方、部门和单位存在工作推诿扯皮现象，与目标责任不明确、工作任务没细化有很大关系。"③

抓落实，必须建立健全严格的目标管理责任制。1978年12月13日，邓小平同志在中央工作会议上的报告中就指出："现在，各地的企业事业单位中，党和国家的各级机关中，一个很大的问题就是无人负责。名曰集体负责，实际上等于无人负责。一项工作布置之后，落实了没有，无人过问，结果好坏，谁也不管。所以急需建立严格的责任制。列宁说过：'借口集体领导而无人负责，是最危险的祸害'，'这种祸害无论如何要不顾一切地尽量迅速地予

---

① 习近平：《关键在于落实》，《求是》2011 年第 6 期。
② 《邓小平文选》第 2 卷，人民出版社 1994 年版，第 333 页。
③ 习近平：《关键在于落实》，《求是》2011 年第 6 期。

以根除'。"①

　　"如何要不顾一切地尽量迅速地予以根除?"邓小平同志给出的办法是:"任何一项任务、一个建设项目,都要实行定任务、定人员、定数量、定质量、定时间等几定制度。"②他还举例说:"引进技术设备,引进什么项目,从哪里引进,引进到什么地方,什么人参加工作,都要具体定下来。"③

　　习近平总书记给出的方法是:"要科学进行责任分解,把目标任务分解到部门、具体到项目、落实到岗位、量化到个人,以责任制促落实、以责任制保成效,形成一级抓一级、层层抓落实的工作局面。"④

　　邓小平同志和习近平总书记给出的方法就是建立健全严格的目标责任制度。南京明城墙为什么历经 600 多年的风雨而仍巍然屹立? 一个重要的原因就是严格的目标责任制。

　　南京明城墙是我国保存比较完整的古城墙,也是世界上现存最大的古代砖城,这与它所用砖块的质量不无

---

①　《邓小平文选》第 2 卷,人民出版社 1994 年版,第 150—151 页。

②　《邓小平文选》第 2 卷,人民出版社 1994 年版,第 151 页。

③　《邓小平文选》第 2 卷,人民出版社 1994 年版,第 151 页。

④　习近平:《关键在于落实》,《求是》2011 年第 6 期。

关系。据记载，该城墙所用砖块都是由长江中下游附近的 150 多个府（州）、县烧制的。砖的侧面刻着铭文，除时间、府县外，还有 4 个人的名字，分别是监造官、烧窑匠、制砖人、提调官（运输官）。

砖上刻人名的用意，用现在的话来说，就是职责分明、责任到位。参与人员的名字都刻在砖上，清清楚楚、一目了然，一旦出现问题，谁也赖不掉。无论是监造官、提调官，还是烧窑匠、制砖人，哪个环节出了问题，一样要被追究责任。这就使得参与人员丝毫不敢懈怠，都尽职尽责地努力工作。最后交砖时，检验更为严格，由检验官指使两名士兵抱砖相击，如铿锵有声、清脆悦耳而不破碎，属于合格；如相击断裂，责令重新烧制。正因为责任如此明晰，才保证了城砖质量上乘，以至南京明城墙历经 600 多年的风雨，仍巍然屹立。①

这种把责任落实到具体人的做法，很值得干部特别是年轻干部抓落实时学习。

第二，建立健全严格的督查督办制度。督查督办，顾名思义就是监督检查、催促办事。也就是说，通过监督、检查，及时发现落实过程中存在的问题，然后用监

---

① 杨宗华：《责任胜于能力》，石油工业出版社 2009 年版，第 86 页。

督、催促的手段，来推动工作的落实，确保政令畅通。没有督查督办就没有落实执行。决策之要，重在落实；落实之法，贵在督查。

用督查督办的方式方法来抓落实，其前提条件是要有透明度。"督政"先要"知政"。如果没有透明度，是难能进行督查督办的。因此，要让落实活动在阳光下运行。

第三，建立健全严格的奖惩激励制度。奖，是正向激励；惩，是逆向激励。严格的奖惩激励制度，是抓好落实不可或缺的机制。因为一个团队奖励什么行为就是鼓励团队成员多发生类似的行为；同样，一个团队惩罚什么行为，就是希望在团队成员中抑制甚至杜绝类似行为的发生。

"水激石则鸣，人激志则宏。"对于落实好的组织成员，组织上要给予他们物质的和精神上的激励表奖；对于落实不力的组织成员，组织上要给予他们一定的批评和依法依规的惩处。

"赏不逾时，欲民速得为善之利也；罚不迁时，欲民速睹为不善之害也"。不管是表扬奖励也好，还是批评惩处也罢，都需要及时兑现，以增强奖惩制度的严肃性和及时有效性。

（三）抓落实的一种最佳方法

干部特别是年轻干部抓落实的路径与方法尽管是多种多样的，但有一个重要的路径与方法不容忽视。这就是干部特别是年轻干部要率先垂范。富兰克林说："一个良好的示范，才是最佳的训词。"

以身作则，是我党开展各项工作的一条基本经验，也是抓落实的一项重要工作方法。

有人说，中国共产党和国民党的将领有一个重要的区别就是：共产党的领导常说"跟我来"，而国民党的官员则常说"给我冲"！这也正是国民党失败的一个重要原因。

共产党人能够身先士卒，以身作则，而国民党人则是让士兵在前，自己明哲保身，岂有不败之理？

历史的经验值得记忆。干部特别是年轻干部抓落实，一定要牢记"以身作则"这条基本经验。

习近平总书记强调，各级干部在抓落实的过程中，既要带领大家一起定好盘子、理清路子、开对方子，又要做到重要任务亲自部署、关键环节亲自把关、落实情况亲自督查，不能高高在上、凌空蹈虚，不能只挂帅不出征。干事业就要有钉钉子精神，抓铁有痕、踏石留印，稳扎稳打向前走，过了一山再登一峰，跨过一沟再越一壑，不断通过化解难题开创工作新局面。这就要求干部特别是年轻干部：既要干出样子，也要喊破嗓子。俗话说："喊破嗓子，不如干出样子。"事实上，干部特别是年轻干部抓落实则是既要干出样子，也要喊破嗓子。

所谓干出样子，就是要通过自己的实际行动来带头落实党的路线方针政策，起到引领示范作用；所谓喊破嗓子，就是要大力向人民群众宣传党的路线方针政策。

毛泽东同志曾经指出："政策是革命政党一切实际行动的出发点，并且表现于行动的过程和归宿。一个革命政党的任何行动都是实行政策。不是实行正确的政策，就是实行错误的政策；不是自觉地，就是盲目地实行某种政策。所谓经验，就是实行政策的过程和归宿。政策必须在人民实践中，也就是经验中，才能证明其正确与否，才能确定其正确和错误的程度。但是，人们的实践，特别是革命政党和革命群众的实践，没有不同这种或那种政策相联系的。因此，在每一行动之前，必须向党员和群众讲明我们按情况规定的政策。否则，党员和群众就会脱离我们政策的领导而盲目行动，执行错误的政策。"①

毛泽东同志的这段话明确地说明了政策宣传在落实执

---

① 《毛泽东选集》第 4 卷，人民出版社 1991 年版，第 1286 页。

行中的作用。宣传是为有效落实执行做舆论准备，是抓落实的干部特别是年轻干部义不容辞的责任。干部特别是年轻干部通过宣传阐释活动，能促进人民群众理解、领会党的路线方针政策，对党的路线方针政策产生价值认同，从而积极主动地去落实党的路线方针政策。

2013 年 11 月 28 日，习近平总书记在山东省农科院座谈会上强调，对中央工作部署，要准确领会政策要点和要领，不能随意解读，想怎么干就怎么干。①

全国的精准扶贫工作之所以能有序开展，并取得了重大的成效，有一个重要的原因，就在于从中央到地方乃至各个扶贫对口支援单位的扶贫政策宣传引导工作到位。

既要"挂帅"，更要"出征"。干部特别是年轻干部在抓落实的过程中，不能只"挂帅"不"出征"。所谓只"挂帅"，就是只居于领导的位置，却高高在上，不去在实际工作中及时领而导之。

实事求是地讲，在现实工作中，这种只"挂帅"不"出征"的干部并不少见。有的人只热衷挂个领导职务，却淡漠工作责任；有的人只倾心领导岗位，却忽视岗位职责。当"挂名掌柜"，只坐诊不治病。这是要不得的。

---

① 转引自：《习近平论城镇化工作：倡导"四个注重"坚持以人为核心》，人民网—中国共产党新闻网，2016 年 2 月 26 日。

干部特别是年轻干部抓落实，既要"挂帅"，又要"出征"。要按照 2018 年中共中央办公厅印发的《关于进一步激励广大干部新时代新担当新作为的意见》的要求去做："以守土有责、守土负责、守土尽责的责任担当，在其位、谋其政、干其事、求其效，努力作出无愧于时代、无愧于人民、无愧于历史的业绩。"

▎延伸阅读

"空谈误国，实干兴邦"。这是千百年来人们从历史经验教训中总结出来的治国理政的一个重要结论。古人曰："道虽迩，不行不至；事虽小，不为不成"，"为政贵在行"，"以实则治，以文则不治"。历史上有许多空谈误国的教训，比如战国时期的赵括，只会"纸上谈兵"，以致 40 万赵军全军覆没，赵国从此一蹶不振直至灭亡。此类误国之鉴，发人深省。

反对空谈、强调实干、注重落实，是我们党的一个优良传统。对于抓落实的极端重要性，我们党和党的主要领导同志先后都有过很多精辟的阐述。毛泽东同志要求共产党员一定要有"认真实干"的精神，强调"一件事不做则已，做则必做到底，做到最后胜利"，"什么东西只有抓得很紧，毫不放松，才能抓住。抓而不紧，等于不抓"。邓小平同志强调"少说空话、多干实事"，凡事都"要落在实处"，"开会、讲话都要解决问题"。江泽民同志强调"落实，落实，再落实，因为这是做好一切工作的关键环节"，"不要在层层表态、层层开会、层层造声势上做文章，而要在层层抓落实、层层抓解决问题上下功夫"。胡锦涛同志强调要"坚持发扬共产党人的革命精神和坚持科学务实、态度的统一，脚踏实地，埋头苦干，坚决反对形式主义和官僚主义"。这些论述，把抓落实的重要意义和基本要求讲得很清楚很深刻，我们在领导工作中要始终遵循和认真贯彻。

——习近平：《关键在于落实》，《求是》2011年
第6期。

思 考 题

1. 为什么说抓落实是党的干部的基本职责？
2. 为什么说抓落实是对担当精神的一种诠释？

3. 年轻干部应该怎样向黄文秀同志学习？

4. 抓落实的根本是什么？

5. 什么是正确的政绩观？

6. 年轻干部在抓落实的工作中应该具有什么样的根本态度？

7. 怎样树立崇尚实干的正确用人导向？

8. 年轻干部抓落实，为什么既要"挂帅"，又要"出征"？

9. 为什么说"空谈误国，实干兴邦"？

责任编辑：刘敬文

封面设计：汪　莹

责任校对：白　玥

图书在版编目（CIP）数据

提高七种能力，解决实际问题／刘玉瑛 著．—北京：
　人民出版社，2020.12（2024.12 重印）
ISBN 978－7－01－022747－4

I. ①提… 　II. ①刘… 　III. ①干部培养－能力培养－中国－
　学习参考资料 　IV. ① D630.3

中国版本图书馆 CIP 数据核字（2020）第 239483 号

提高七种能力　解决实际问题

TIGAO QIZHONG NENGLI JIEJUE SHIJI WENTI

刘玉瑛　著

人民出版社 出版发行
（100706　北京市东城区隆福寺街 99 号）

中煤（北京）印务有限公司印刷　新华书店经销

2020 年 12 月第 1 版　2024 年 12 月北京第 2 次印刷
开本：880 毫米 × 1230 毫米 1/32　印张：6.125
字数：100 千字

ISBN 978－7－01－022747－4　定价：39.00 元

邮购地址 100706　北京市东城区隆福寺街 99 号
人民东方图书销售中心　电话（010）65250042　65289539

版权所有·侵权必究

凡购买本社图书，如有印制质量问题，我社负责调换。

服务电话：（010）65250042